新时代
农业经济系列

闫云婷　主编

# 农业会计基础与实务

## （案例详解版）

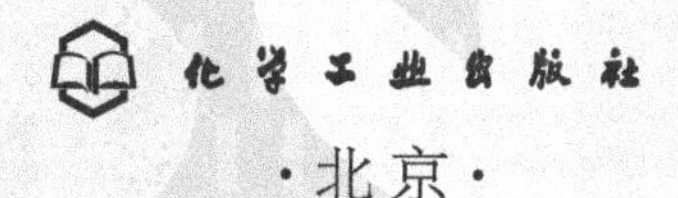


·北京·

## 内容简介

《农业会计基础与实务（案例详解版）》一书是在编者多年教学和深入基层展开调研的基础上形成的，突出我国农业经营特色，系统阐述了农业会计的理论与实践。

本书编写以最新的会计准则和相关会计制度为依据，全面系统地反映当前经济环境下我国各类农业经济组织的核算规范，内容上包含了农业企业会计、农民专业合作社会计和村集体经济组织会计，就不同经营主体的典型业务进行了详细阐述；案例主要以从事种植业、养殖业和林业的农业企业、专业合作社及村集体经济组织为依托，反映涉农组织实际经营特色和业务的内容。

本书以会计学原理为基础，系统讲述农业会计专业知识，做到精而易懂，适于财会院校的教学及广大农业经济组织的会计人员学习参考。

**图书在版编目（CIP）数据**

农业会计基础与实务：案例详解版/闫云婷主编.
—北京：化学工业出版社，2022.2（2024.8重印）
（新时代农业经济系列）
ISBN 978-7-122-40376-6

Ⅰ.①农… Ⅱ.①闫… Ⅲ.①农业会计
Ⅳ.①F302.6

中国版本图书馆CIP数据核字（2021）第248723号

责任编辑：张林爽　　文字编辑：张春娥
责任校对：杜杏然　　装帧设计：张　辉

出版发行：化学工业出版社（北京市东城区青年湖南街13号　邮政编码100011）
印　　装：北京科印技术咨询服务有限公司数码印刷分部
710mm×1000mm　1/16　印张$13^{3}/_{4}$　字数247千字　2024年8月北京第1版第2次印刷

购书咨询：010-64518888　　售后服务：010-64518899
网　　址：http://www.cip.com.cn
凡购买本书，如有缺损质量问题，本社销售中心负责调换。

定　　价：68.00元

# 《农业会计基础与实务（案例详解版）》编写人员


主　　编　闫云婷

副 主 编　刘春林　宋宏现　刘　鑫

参　　编　张久和　刘文玫　冯　峰

　　　　　李　强　齐永忠　魏佳佳

　　　　　张智锋　李　旭

FOREWORD

# 前 言

近年来，随着我国农业和农村经济的迅速发展，多种类型的农业经营组织不断涌现，农业企业、农民专业合作社、家庭农场及村集体经济组织成为农业生产中重要的组织形式，农业会计在国家经济发展中也发挥着越来越重要的作用。然而，农业会计核算相比其他行业更为复杂，且目前尚未形成公认的、成熟的核算体系。为了满足农业经营主体财会人员处理实务以及其他学习农业会计人员的需求，我们编写了这本《农业会计基础与实务（案例详解版）》。

本书是在多年教学和深入基层展开调研的基础上形成的，以我国会计准则与国际惯例趋同为原则，突出我国农业经营特色，系统阐述农业会计的理论与实践，做到理论与实践相结合。其内容上包含了农业企业会计、农民专业合作社会计和村集体经济组织会计，就不同经营主体的典型业务进行了详细介绍。

本书编写遵循以下原则：①前瞻性，以最新的会计准则和相关会计制度为依据，全面系统地反映当前经济环境下我国农业企业和各类农业经济组织的核算规范；②实用性，本书中的例题主要以从事种植业、养殖业和林业的农业企业、专业合作社及村集体经济组织为依托，反映涉农组织实际经营特色和业务的内容；③适读性，本书以会计学原理为基础，在此基础上讲述农业会计专业知识，做到精而易懂，适于财会院校的教学及广大农业经济组织的会计人员学习参考。

由于编者水平有限，书中难免有不妥之处，恳请同行专家和广大读者批评指正。希望广大读者来信交流，编者的电子邮箱为785318023@qq.com。

编 者

2021年10月

CONTENTS

# 目录

# 总论

## 第一节　农业和农业生产经营概述

### 一、农业和农业活动

1. 农业的范畴

农业（Agriculture）是利用动植物的生长发育规律，通过人工培育来获得农产品的产业。农业通常分为种植业（农业）、畜牧养殖业、林业、水产业（渔业）和农林牧渔服务业（包括农产品初加工及其服务）等行业。随着农业生产力水平的提高和农村商品经济的发展，以及人们对消费需求的变化，发展出更多新型的农业形式，如观光休闲农业、康养农业等。广义的农业主要包括种植业、林业、畜牧业、渔业、副业五种产业形式；狭义的农业单指种植业。

2. 农业活动的概念

农业活动是指农业企业对将生物资产转化为农产品或其他生物资产的生物转化的管理。生物资产是指与农业生产相关的有生命的动物和植物。农业活动是一项管理活动，是对某一活动或过程的管理。

具体来说，农业生产管理的对象有以下两个：

（1）将生物资产转化为农产品的活动　主要是指通过消耗性生物资产的生长和收获而获得农产品的活动过程，以及利用生产性生物资产产出农产品的活动过程。例如，通过对农作物的种植、管理而收获稻谷、小麦等农产品的活动；通过对畜禽的饲养和管理而获得猪肉、鸡蛋、牛奶等畜禽产品的活动；通过对水产品的养殖和管理而获得鱼虾的活动等，这些都属于将生物资产转化为农产品的活动。

（2）其他生物资产生物转化的活动　主要是指除生物资产转化为农产品的活动之外的生物资产的生长和管理。例如，经济林木在达到预定生产经营目的之前的生长和管理、奶牛在第一次产奶前的饲养和管理、役畜的饲养和管理等。

农业活动都存在以下共同特点：

① 转化能力　不论是动物还是植物都能进行生物转化。生物转化是指导致生物资产质量或数量发生变化的生长、蜕化、生产和繁殖的过程。例如，农作物从种植开始到收获前的过程就属于生长，奶牛产奶能力的不断下降属于蜕化，蛋鸡产蛋、果树结果就属于生产，母猪产小猪就属于繁殖。

② 转化的管理　通过增强或者稳定转化发生所必需的条件，能够促成生物转化的发生，如对营养、温度、湿度、光照、肥力等的管理。这种管理活动使得农业活动与其他活动区分开来。例如，从未经管理的资源中收获的活动，就不是农业活动，包括海洋渔业的捕捞、原始森林的采伐及野生草药果实的采摘等。

③ 转化的计量　对生物转化带来的质量（遗传价值、密度、成熟期、脂肪层、纤维强度）变化和数量（产量、重量、体积、长度或直径）变化的计量和监控成为管理的日常职能。

需要说明的是，农业生产活动针对的是有生命的生物资产，而加工活动针对的是收获后的农产品。例如，将绵羊产出的羊毛加工成毛毯、将牛奶加工成奶酪等属于加工活动，因此，加工活动并不包含在农业生产范畴之内。

## 二、农业生产经营方式和经营主体

不同的国家经济体不同，农业的发展水平也不同，相应地采取的经营方式也不同。一般来说，农业较发达的国家更多实行企业化经营，其经营载体就是企业，即农业企业；而发展中国家则存在多种经营方式，即存在不同的经营载体，有农业企业、家庭农场、村集体经济组织、农民专业合作社、个体工商户以及传统农户等。

（1）农业企业　农业企业是指依法注册的具有法人资格的从事农业及相关经营活动的企业。具体来说，农业企业以动植物和微生物为劳动对象，以土地为基本生产资料，通过人工培育和饲养动植物，以获得人类必需的消费品和生产经营资料。而现代农业企业是指从事种植业、养殖业或以其为依托的农工商综合经营，实行独立核算和具有法人地位的农业社会经济组织单位。

（2）家庭农场　家庭农场是指以家庭成员为主要劳动力，从事农业规模化、集约化、商品化生产经营，并以农业收入为家庭主要收入来源的新型农业经营主体。

（3）村集体经济组织　村集体经济组织是在我国农村经济体制改革中建立的集体经济组织，是以行政村为单位，将原有生产队进行合并、整理、规范形成的行政村范围内土地集体所有的经济组织。村集体经济组织实行双层经营。

（4）农民专业合作社　农民专业合作社是在农村家庭承包经营基础上，农产品的生产经营者或者农业生产经营服务的提供者、利用者，自愿联合、民主管理的互助性经济组织。农民专业合作社是我国的一种特殊的农业经营经济组织。

（5）农户　农户是指在村集体经济组织中从事分散经营的农户家庭经济组织。

近年来由于我国政府政策的支持与导向，加上农业发展的良好前景，吸引了很多非农企业以联合、并购、股份合作等不同的方式或手段参与农业企业，改变了农业企业的组织形式，按所有制性质不同分类，可以分为国有农业企业、集体所有制企业、股份制企业、联营企业、私营企业、中外合资企业、中外合作经营企业等；按经营内容不同分类，可以分为种植业企业、畜牧养殖业企业、林业企业、水产业企业、副业企业和生产、加工、销售相结合的联营企业等；按会计核算特点不同分类，可以分为一般农业企业、农业合作社、家庭农场和村镇集体经济组织等。

# 第二节　农业会计概述

## 一、农业会计的概念、对象和特征

### 1. 农业会计的概念

农业会计是以农业经营载体为会计主体的一种行业会计，是以货币为主要计量单位，以国家有关法律法规为依据，运用专门的会计方法，对农业经营主体的经营活动进行全面、连续、综合、系统的核算和监督，以加强农业经营主体的经济管理、提高经济效益的一种经济管理活动。

### 2. 农业会计的核算对象

农业会计核算的对象是指农业会计所要核算和监督的内容，即农业生产过程中能用货币表现的各种经济活动。农业企业除了有着和一般企业大体相同的经济活动外，还有其自己的特殊业务活动，即农业活动。

农业会计的具体核算对象有：

① 农作物种植业生产经营过程中的资金运动。

② 林业生产经营中的资金运动。

③ 畜牧养殖业、渔业生产经营中的资金运动。

④ 农业企业及农业集体经济组织中的非生产经营性质的资金运动。比如农民专业合作社的社会性收支的核算、村集体经济组织的一事一议资金的核算等。

⑤ 农业经营组织中的非农业生产经营性质的资金运动，主要指农业经营载体进行综合经营而兼营其他行业的经营资金运动。如农业企业兼营农产品加工、销售、服务及农业技术的开发、推广与培训业务的资金运动。

3. 农业经营和农业会计的特征

由于农业经营的过程、组织形式和管理体制等和其他行业相比具有其特殊性，决定了农业会计具有一定的特点。

（1）农业经营的特征

① 农业生产活动的劳动资料或劳动对象是有生命的动、植物，农业经营是自然生长和社会生产相结合的过程，而且农业经营过程中其劳动时间和生产时间不一致、农业生产周期长、季节性和地域性强。

② 土地不只是生产活动的空间，更是农作物和畜禽赖以生长繁殖的必不可少的生产资料。

③ 农业经营过程中劳动产品、劳动资料与劳动对象可以相互转化。比如，幼畜是劳动对象，转化为产役畜就是劳动资料，而当产役畜被淘汰时，劳动资料又转化为劳动对象或产品。

④ 农业经营的产品归宿复杂多样。农产品的一部分要作为商品出售，属于国民经济所需要的粮食和工业原料；另一部分要留作种子作为下年的劳动对象，留作产役畜作为劳动资料，留作口粮供给农业劳动者消费。转作劳动资料、劳动对象的产品不经过销售阶段，直接实现产品资金向储备资金的转化。

⑤ 在不同的经营水平与经营体制下，农业经营方式具有明显差异。在生产力水平较高的国家，家庭农场或公司制的企业化经营形式更为普遍；在我国，农户、家庭农场、国有农场、集体农场、公司制企业、农业企业、合作社等多种经营组织形式并存，并表现出一定的互相依存的关系。

（2）农业会计的特征

① 核算内容的复杂性　农业经营涉及农、林、牧、渔，以及工、商、储运、建设、服务等多种行业，农业会计的核算要适应多种行业生产经营的特点，分别计算各个行业的成本、费用与财务成果。

② 经营形式的多样性　农业经营的特点决定了农业经营载体的多样性，有企业、合作经济组织、家庭经济组织、村集体经济组织等，不同经营载体其会计核算方法不同。

③ 核算办法的统一性与灵活性相结合　会计核算的国际趋同趋势决定了行业间会计核算的共性已经被人们认识和应用，同时，农业经营的行业特点、经营体制、经营方式决定了农业会计核算的特殊性。比如，我国农业企业会计核算在执行统一的《企业会计制度》（农业非上市公司、非小企业）、《小企业会计准则》（农业小企业）、《企业会计准则》（上市农业公司）的同时，执行《企业会计准则第5号——生物资产》；同时，村集体经济组织的会计核算执行《村集体经济组织会计制度》，农民专业合作社的会计核算执行《农民专业合作社会计制度》，这些会计制度也都从总体上体现了与国际会计准则趋同，体现了农业会计的特点。

## 二、农业会计要素、会计科目和目标

### 1. 农业会计要素

为了实现财务报告的目标，需要对农业经营主体发生的能够以货币计量的经济活动内容进行适当的分类。由于农业经营活动包含多个具体行业，存在不同的经营组织方式，因此农业活动的特点又决定了农业会计要素的确认、计量和报告有其自身的特殊性。企业化经营的农业企业，其会计要素有资产、负债、所有者权益、收入、费用、利润六个；村集体经济组织会计要素有资产、负债、所有者权益、收入、费用、收益六个；农民专业合作社会计要素有资产、负债、所有者权益、收入、支出、盈余六个。不同类型经营主体每一类会计要素所包括的内容有所差异，这将在后面相应章节详细介绍。

### 2. 农业会计科目的设置

2006年企业会计准则体系下的会计科目已与国际趋同，基本满足了当前我国的现实需要。新准则体系下一般农业企业使用的会计科目分为五大类，具体见表1-1。同时，允许农业企业根据自身的需要增设明细科目，如可以在“农业生产成本”一级科目下设置“种植业生产成本”“畜牧养殖业生产成本”“林业生产成本”等，充分体现了适用性和灵活性的原则。由于农业经营组织方式不同、遵循的核算制度不同，经营管理水平不同，农业会计科目的设置会有相应的差别，比如农业企业、村集体经济组织、农民专业合作社、家庭农场等的会计科目设置都有所差别，具体在相应章节阐述。

**表1-1　农业企业一般会计科目**

| 顺序号 | 编号 | 会计科目名称 | 顺序号 | 编号 | 会计科目名称 |
|---|---|---|---|---|---|
| | | 一、资产类 | 25 | 1502 | 持有至到期投资减值准备 |
| 1 | 1001 | 库存现金 | 26 | 1503 | 可供出售金融资产 |
| 2 | 1002 | 银行存款 | 27 | 1511 | 长期股权投资 |
| 3 | 1012 | 其他货币资金 | 28 | 1512 | 长期股权投资减值准备 |
| 4 | 1101 | 交易性金融资产 | 29 | 1521 | 投资性房地产 |
| 5 | 1121 | 应收票据 | 30 | 1531 | 长期应收款 |
| 6 | 1122 | 应收账款 | 31 | 1532 | 未实现融资收益 |
| 7 | 1123 | 预付账款 | 32 | 1601 | 固定资产 |
| 8 | 1131 | 应收股利 | 33 | 1602 | 累计折旧 |
| 9 | 1132 | 应收利息 | 34 | 1603 | 固定资产减值准备 |
| 10 | 1221 | 其他应收款 | 35 | 1604 | 在建工程 |
| 11 | 1231 | 坏账准备 | 36 | 1605 | 工程物资 |
| 12 | 1401 | 材料采购 | 37 | 1606 | 固定资产清理 |
| 13 | 1402 | 在途物资 | 38 | 1611 | 未担保余值 |
| 14 | 1403 | 原材料 | 39 | 1621 | 生产性生物资产 |
| 15 | 1404 | 材料成本差异 | 40 | 1622 | 生产性生物资产累计折旧 |
| 16 | 1405 | 农产品 | 41 | 1623 | 生产性生物资产减值准备 |
| 17 | 1406 | 发出商品 | 42 | 1624 | 公益性生物资产 |
| 18 | 1408 | 委托加工物资 | 43 | 1701 | 无形资产 |
| 19 | 1411 | 周转材料 | 44 | 1702 | 累计摊销 |
| 20 | 1421 | 消耗性生物资产 | 45 | 1703 | 无形资产减值准备 |
| 21 | 1422 | 消耗性生物资产跌价准备 | 46 | 1711 | 商誉 |
| 22 | 1461 | 融资租赁资产 | 47 | 1801 | 长期待摊费用 |
| 23 | 1471 | 存货跌价准备 | 48 | 1811 | 递延所得税资产 |
| 24 | 1501 | 持有至到期投资 | 49 | 1901 | 待处理财产损益 |

续表

| 顺序号 | 编号 | 会计科目名称 | 顺序号 | 编号 | 会计科目名称 |
|---|---|---|---|---|---|
| 二、负债类 | | | 71 | 4104 | 利润分配 |
| 50 | 2001 | 短期借款 | 72 | 4201 | 库存股 |
| 51 | 2101 | 交易性金融负债 | 五、成本类 | | |
| 52 | 2201 | 应付票据 | 73 | 5001 | 农业生产成本 |
| 53 | 2202 | 应付账款 | 74 | 5101 | 制造费用 |
| 54 | 2203 | 预收账款 | 六、损益类 | | |
| 55 | 2211 | 应付职工薪酬 | 75 | 6001 | 主营业务收入 |
| 56 | 2221 | 应交税费 | 76 | 6051 | 其他业务收入 |
| 57 | 2231 | 应付利息 | 77 | 6061 | 汇总损益 |
| 58 | 2232 | 应付股利 | 78 | 6101 | 公允价值变动损益 |
| 59 | 2241 | 其他应付款 | 79 | 6111 | 投资收益 |
| 60 | 2501 | 长期借款 | 80 | 6301 | 营业外收入 |
| 61 | 2502 | 应付债券 | 81 | 6401 | 主营业务成本 |
| 62 | 2701 | 长期应付款 | 82 | 6402 | 其他业务成本 |
| 63 | 2702 | 未确认融资费用 | 83 | 6403 | 营业税金及附加 |
| 64 | 2711 | 专项应付款 | 84 | 6601 | 销售费用 |
| 65 | 2801 | 预计负债 | 85 | 6602 | 管理费用 |
| 66 | 2901 | 递延所得税负债 | 86 | 6603 | 财务费用 |
| 四、所有者权益类 | | | 87 | 6701 | 资产减值损失 |
| 67 | 4001 | 实收资本 | 88 | 6711 | 营业外支出 |
| 68 | 4002 | 资本公积 | 89 | 6801 | 所得税费用 |
| 69 | 4101 | 盈余公积 | 90 | 6901 | 以前年度损益调整 |
| 70 | 4103 | 本年利润 | | | |

注：第三类为“共同类”科目，因农业企业较少涉及，故在此处略去。

3. 农业会计目标

一方面，农业会计属于企业财务会计的范畴，其目的是通过向外部会计信息使用者提供有用的信息，以反映企业财务状况和经营成果，帮助使用者做出相关决策，承担这一信息载体功能的是企业编制的财务报告，它是财务会计确认和计量的最终成果，是企业管理层与外部信息使用者沟通的桥梁和纽带。《企业会计准则——基本准则》规定财务报告的目标是向财务报告使用者提供与企业财务状况、经营成果和现金流量等有关的会计信息，反映企业管理层受托责任履行情况，有助于财务报告使用者做出经营决策。另一方面，农业会计还肩负着农业生产活动的成本核算、成本分析以及成本预测、计划、控制和考核等职能，为农业企业的经营管理提供准确的成本信息。

# 农业企业生物资产的核算

农业企业除了拥有和其他企业一样的资产种类外，更重要的一项资产是生物资产。对生物资产的增加、减少、减值、折旧、清查等进行准确的核算，以保证农业的资产能够被准确地确认、计量、记录与报告是农业企业会计的一项重要的核算内容。

## 第一节　生物资产概述

### 一、生物资产的概念与特征

1. 生物资产的概念

（1）生物资产　生物资产是指与农业生产活动相关的有生命的动物和植物[见《企业会计准则第5号——生物资产》(2006)]。该定义概括了生物资产的本质属性，即生物资产是与生产经营活动有关的有生命的资产。

生物资产的特殊性就表现在其是“有生命的”的资产，具有自我生长和自我增长的能力。原有动植物一旦停止其生命活动就不再是生物资产了。

生物资产具有生物转化的能力。生物转化前文已提及，是指导致生物资产质量或数量发生变化的生长、蜕化、生产和繁殖的过程。其中，生长指动植物体积、重量的增加或质量的提高，例如农作物从种植开始到收获前的过程都属于生长；蜕化指动植物产出量的减少或质量的退化，例如蛋鸡产蛋量的不断下降；生产指动植物本身产出农产品，比如蛋鸡产蛋、奶牛产奶、果树结果；繁殖指产生新的动植物，如奶牛产牛犊、母猪生小猪等。这种生物转化能力是其他资产（如存货、固定资产、无形资产等）所没有的。因此生物资产的形态、价值以及产生经济利益的方式，随着其出生、成长、衰老、死亡等自然规律和生产经营活动的变化而变化。

（2）生物资产与农产品　生物资产是“有生命”的动植物，一旦停止生命活动就不再是生物资产，与农产品有本质区别。农产品附着在生物资产上时，作为生物资产的一部分，不需单独进行会计处理；当其从生物资产上收获，离开母体，不再具有生命和生物转化能力，或其转化能力受限，应作为存货处理。如奶牛产出的牛奶、绵羊产出的羊毛、肉猪宰杀后的猪肉、收获后的蔬菜、果树采摘的水果等。

（3）生物资产与农业生产　农业生产管理的对象包括：将生物资产转为农产品的活动及其他生物资产转化的活动。农业生产与收获时点的农产品相关，但与对收获后的农产品进行加工的活动（以下简称“加工活动”）必须严格加以区分。农业生产活动针对的是有生命的生物资产，而加工活动针对的是收获后的农产品，如将奶牛产出的牛奶加工成酸奶、将收获的小麦加工成面粉等。加工活动并不包含在生物资产准则所指的农业生产范畴之内。

2. 生物资产的特征

（1）生物资产具有独特的生物转化功能和自然增值能力　生物资产能够不断地进行自然更新，虽然它的再生和转化依靠自然力、自身的生物转化功能和人力共同来实现，但是人力只是起辅助作用。生物资产具有自然增值性，它们在生长周期内价值会不断地增加。这种生物转化能力、自然增值的特性是其他通常意义上的资产（如存货、固定资产、无形资产等）所不具有的。

（2）生物资产具有周期性　一般的生物资产都具有自己的生长周期，而且人为因素对周期的影响很小，不同的生物资产具有的生长周期也不同，有一些生物的生长周期长达几年，加上其自身的生物转化能力，使得成本计量模式的选择成为会计核算的难点。生物资产的生物学年、生命周期与会计年度可能不一致，对其进行会计期间假设时必须考虑生命周期的特点。

（3）生物资产的多样性　不同类型的生物资产，其生长、发育、繁殖的规律差异十分显著，如动物和植物具有完全不同的生长发育规律。植物主要利用光合作用并吸收土壤中的营养成长；动物主要是通过人类持续地提供食物和饲料，利用其新陈代谢功能实现质量和数量的增加。

（4）双重资产特性　生物资产具有流动资产和长期资产的双重特性，而且可以相互转化。

（5）未来经济利益不确定性　生物资产在存续期间不可避免地要承受自然

风险，如自然灾害、病虫害、动物疫病等，同时伴随着市场供求变化，使得生物资产的未来经济利益具有很大的不确定性。

（6）生物资产的后续支出较高　生物资产在存续期间需要连续不断地投入，才能维持生物资产活体的存在，如果中断投入，将影响生物资产的生存及其收获品的数量和质量，因此生物资产的后续支出数额通常比较大。

## 二、生物资产的分类

《国际会计准则第41号——农业》第43条规定："本准则鼓励企业对各组生物资产采用定量说明方式加以披露。如果恰当，披露时要区分消耗性生物资产和生产性生物资产，或者成熟生物资产和未成熟生物资产。"我国《企业会计准则第5号——生物资产》规定，按照生物资产的用途将生物资产分为消耗性生物资产、生产性生物资产和公益性生物资产。

### 1. 消耗性生物资产

消耗性生物资产是指为出售而持有的、或在将来收获为农产品的生物资产，包括生长中的大田作物、蔬菜、用材林以及存栏待售的牲畜等。一般而言，要经过培育、长成、处置等阶段。通常是一次性消耗并终止其服务能力或未来经济利益，一定程度上具有存货的特征，属于流动资产。需要特殊注意的是，不能简单地把消耗性生物资产全部作为流动资产，比如生长期很长的用材林，其生长期可以达到十几年甚至几十年，将其视为流动资产显然是不合适的，因此消耗性林木资产要作为一项长期资产在资产负债表中单独进行列报和披露。

### 2. 生产性生物资产

生产性生物资产是指为产出农产品、提供劳务或出租等目的而持有的生物资产，包括经济林、薪炭林、产畜和役畜等。生产性生物资产具有自我生长性，能在持续的基础上予以消耗并在未来的一段时间内保持其服务能力或未来经济利益，属于有生命的劳动手段。生产性生物资产一定程度上具有固定资产特征。其价值是分次转移到其收获物农产品价值中，如产奶的牲畜、产畜和役畜、果树、保留树干但收获柴薪的树木以及母树林等。

一般而言，生产性生物资产通常需要生长到一定阶段才开始具备生产的能力。根据其是否具备生产能力，即是否达到预定生产经营目的（生产性生物资产进入正常生产期，可以多年连续稳定产出农产品、提供劳务或出租），生产性生物资产可以划分为未成熟生产性生物资产和成熟生产性生物资产两类。前者指尚未达到预定生产经营目的，还不能够多年连续稳定产出农产品、提供劳务或出租的生产性生物资产，如尚未开始挂果的果树、尚未开始产奶的奶牛等；后者指已经达到预定生产经营目的的生产性生物资产，如已经挂果并能多年产出果实的果树、已经开始产奶的奶牛等。生产性生物资产应当在资产负债表中单独列报。

对于暂时无法区分生产性和消耗性特点的生物资产，根据《农业企业会计核算办法》的规定，企业应作为消耗性生物资产进行核算和管理，等到能够明确划分为生产性生物资产或消耗性生物资产时，再将生产性生物资产转出单独进行核算和管理。例如，企业在将来可能将猪全部出售，也可能将其中的一头或几头留用作为种猪，在这种情况下，企业应先将仔猪全部作为消耗性生物资产进行管理和核算，待确定用途后再进行转群。

3. 公益性生物资产

公益性生物资产是指以防护、环境保护为主要目的的生物资产，包括防风固沙林、水土保持林和水源涵养林等。公益性生物资产在成熟前作为消耗性生物资产进行管理与核算。公益性生物资产也属于企业长期资产或非流动资产。尽管公益性生物资产不能直接给企业带来经济利益，但具有服务潜能，有助于企业从其他相关资产获得经济利益。

在一定情况下几种生物资产可以相互转化，例如猪、牛、羊等在以获得肉、皮等产品为目的时，它们的价值被一次性转移，为消耗性生物资产；在以获得毛、奶等产品为目的时，猪、牛、羊能够多次被利用，价值可以逐步转移，为生产性生物资产。同一生物资产作为消耗性生物资产与生产性生物资产在同一时点其价值是不同的，所以需要准确区分生物资产的类别，以便合理确认、计量其价值。

## 第二节　生物资产的确认与计量

### 一、生物资产的确认

确认一项生物资产首先需要符合生物资产的定义；其次还要满足下列条件。

① 企业因过去的交易或者事项而拥有或者控制该生物资产。这里有两层含义，一是企业所确认入账的生物资产必须是企业所拥有的，或者能够加以控

制；二是，所确认的生物资产必须是现实的生物资产，而不能是预期的，只有过去发生的交易或事项才能增加或减少企业的生物资产，而不能以谈判中的交易或计划中的经济业务来确认生物资产。

② 该资产所包含的经济利益或服务潜能很可能流入企业。这一确认标准是指企业所拥有或控制的生物资产所包含的经济利益流入企业的可能性超过50%。在实务中判断生物资产包含的经济利益是否很可能流入企业，主要以与该生物资产所有权有关的风险和报酬是否转移到了企业为依据。

③ 该资产的成本能够可靠地计量。

## 二、生物资产的初始计量

生物资产的初始入账价值是指生物资产的取得成本。生物资产的取得方式有外购、自行栽培、营造、繁殖或养殖、盘盈、接受捐赠、接受投资、非货币性资产交换、债务重组等。取得方式不同，其初始入账价值的确定也不相同，总的原则是按照历史成本进行初始计量。

1. 外购的生物资产

外购生物资产的成本包括购买价款、相关税费、运输费、保险费以及可以直接归属于购买该资产的其他支出（如场地整理费、装卸费、栽种费、专业人员服务费等）。

**【例2-1】**青山林业公司购入已郁闭成林的马尾松100亩（1亩=1/15公顷，下同）作为造纸原料林，共支付价款300 000元，以银行存款支付。

借：消耗性生物资产——马尾松　　300 000

　　贷：银行存款　　300 000

**【例2-2】**2019年4月5日春光农业公司购买了10头未成年奶牛，支付价款100 000元，发生运费12 000元、装卸费1 500元、保险费2 000元，款项全部以银行存款支付。假定不考虑其他相关税费。

10头未成年奶牛的成本为:100 000+12 000+1 500+2 000=115 500（元）

借：生产性生物资产——未成熟生产性生物资产　　115 500

　　贷：银行存款　　115 500

企业一次性购入多项没有单独标价的生物资产时，应按各项生物资产公允价值的比例对总成本进行分配，分别确定各项生物资产的入账价值。如果以一笔款项购入的多项资产中还包括生物资产以外的其他资产，则应按类似的方法进行处理。

【例2-3】2019年5月，春光农业公司从市场上一次性购买了6头未成年种牛、15头未成年种猪和600头猪苗。支付的价款共计195 000元，此外，还发生运输费4 500元、保险费3 000元、装卸费2 250元，款项全部以银行存款支付。种牛、种猪和猪苗的公允价值分别为每头4 800元、1 680元和300元。

（1）计算购入生物资产的总成本

购入生物资产的总成本=195 000+4 500+3 000+2 250=204 750（元）

（2）确定成本分摊比例

种牛应分摊比例=（4 800×6）÷（4 800×6+1 680×15+300×600）=12.31%

种猪应分摊比例=（1 680×15）÷（4 800×6+1 680×15+300×600）=10.77%

猪苗应分摊比例=1−12.31%−10.77%=76.92%

（3）计算种牛、种猪和猪苗的入账价值

种牛的入账价值=204 750×12.31%=25 204.73（元）

种猪的入账价值=204 750×10.77%=22 051.58（元）

猪苗的入账价值=204 750−25 204.73−22 051.58=157 493.69（元）

（4）账务处理如下

借：生产性生物资产——未成熟生产性生物资产（种牛） 25 204.73

——未成熟生产性生物资产（种猪） 22 051.58

消耗性生物资产——猪苗 157 493.69

贷：银行存款 204 750

2. 自行栽培、营造、繁殖或养殖的生物资产

（1）自行栽培、营造、繁殖或养殖的消耗性生物资产　自行栽培、营造、繁殖或养殖的消耗性生物资产的成本一般按其栽培、营造、繁殖或养殖过程中发生的必要支出确定。具体应当按照下列规定确定：

① 自行栽培的大田作物和蔬菜的成本，包括在收获前耗用的种子、肥料、农药等材料费，人工费和应分摊的间接费用等必要支出。

② 自行营造的林木类消耗性生物资产的成本，包括郁闭前发生的造林费、抚育费、营林设施费、良种试验费、调查设计费和应分摊的间接费用等必要支出。

③ 自行繁殖的育肥畜的成本，包括出售前发生的饲料费、人工费和应分摊的间接费用等必要支出。

④ 水产养殖的动物和植物的成本，包括在出售或入库前耗用的苗种、饲料、肥料等材料费、人工费和应分摊间接费用等必要支出。

⑤ 应计入生物资产成本的借款费用，按照《企业会计准则第17号——借款费用》处理。消耗性林木类生物资产发生的借款费用，应当在郁闭时停止资本化。

⑥ 在自行营造、繁育具有消耗性特点的生物资产过程中，由于正常原因造成的部分消耗性生物资产报废或毁损，减去残料价值和过失人或保险公司等赔款后的净损失，报批准后计入继续繁育、营造的消耗性生物资产成本（如为净收益，则冲减其成本）；如为非正常原因造成的部分资产报废或毁损，或资产全部报废或毁损，应将其净损失计入当期营业外支出，如为净收益，则转为当期营业外收入。

**【例2-4】**2019年3月，春光农业公司使用一台拖拉机翻耕土地100公顷用于大豆和玉米的种植，其中60公顷种植玉米、40公顷种植大豆。该拖拉机原值为60 300元，预计净残值为300元，按照工作量法计提折旧，预计可翻耕土地6 000公顷。

计算如下。

应计提的拖拉机折旧＝（60 300−300）÷6 000×100＝1 000元

玉米应分配的机械作业费＝1 000÷（60+40）×60＝600元

大豆应分配的机械作业费＝1 000÷（60+40）×40＝400元

账务处理如下。

借：消耗性生物资产——玉米　　600

　　　　　　　　　——大豆　　400

　贷：累计折旧　　1 000

## 知识链接：郁闭及郁闭度的概念

所谓郁闭，通常是指一块林地上的林木的树干、树冠生长达到一定标准，林木存活率达到一定的技术规程要求。郁闭度是指森林中乔木树冠遮蔽地面的程度，它是反映林木密度的指标，以林地树冠垂直投影面积与林地面积之比表示，以十分数表示，完全覆盖地面为1。根据联合国粮农组织规定，郁闭度0.20（含0.20）以上的为郁闭林（一般以0.20～0.69为中度郁闭，0.70以上为密郁闭）、0.20（不含0.20）以下为疏林。

不同林种、不同林分等对郁闭度指标的要求有所不同，比如，生产纤维原料的工业原材料林一般要求郁闭度相对较高；而以培育珍贵大径材为主要目标的林木一般要求郁闭度相对较低。企业应当结合历史数据和自身实际情况，确定林木类消耗性生物资产的郁闭度及是否达到郁闭。各类林木类消耗性生物资产的郁闭度一经确定，不得随意变更。

林分是指森林的内部结构特征，即树种组成、森林起源、林层或林相、林型、林龄、地位级、出材量及其他因子大体相似，并与邻近地段又有明显区别的森林地段。也就是说，林分指内部结构特征（如树种组成、林冠层次、年龄、郁闭度、起源、地位级或地位指数等）基本相同，而与周围森林有明显区别的一片具体森林。林分常作为确定森林经营措施的依据，不同的林分需要采取不同的经营措施。在森林经营管理工作中，它是划分小班的基础，在集约经营的森林中，一个小班包含一个林分。

郁闭是判断林木类消耗性生物资产相关支出（包括借款费用）资本化或者费用化的时点。

郁闭之前的林木类消耗性生物资产处在培植阶段，需要发生较多的造林费、抚育费、营林设施费、良种试验费、调查设计费等相关支出，这些支出应当予以资本化；郁闭之后的林木类消耗性生物资产基本上可以比较稳定地成活，一般只需要发生较少的管护费用，应当计入当期费用。

⑦ 因择伐、间伐或抚育更新性质采伐而补植林木类生物资产所发生的支出，应予以资本化，计入林木类生物资产的成本。在林木类生物资产的生长过程中，为了使其更好地生长，往往需要进行择伐、间伐或抚育更新性质采伐（这些采伐并不影响林木的郁闭状态），并且在采伐之后进行适当的补植。在这种情况下发生的后续支出应当予以资本化，计入林木类生物资产的成本。

**【例2-5】**2019年5月，青山林业有限公司对已郁闭的松木用材林进行择伐和更新造林，领用材料10 000元，支付人员工资20 000元。

借：消耗性生物资产——用材林　　　　30 000

贷：应付职工薪酬　　20 000
　　原材料　　10 000

（2）自行营造、繁殖的生产性生物资产　自行营造、繁殖的生产性生物资产，应按达到预定生产经营目的前发生的必要支出确定其初始成本，包括直接材料、直接人工、其他直接费用和应分摊的间接费用。具体应当按照下列规定确定：

① 自行营造的林木类生产性生物资产的成本，包括达到预定生产经营目的前发生的造林费、抚育费、营林设施费、良种试验费、调查设计费和应分摊的间接费用等必要支出。

② 自行繁殖的产畜和役畜的成本，包括达到预定生产经营目的（成龄）前发生的饲料费、人工费和应分摊的间接费用等必要支出。如企业自己繁育的奶牛、种猪等。

达到预定生产经营目的，是指生产性生物资产进入正常生产期，可以多年连续、稳定地产出农产品、提供劳务或出租。达到预定生产经营目的是区分生产性生物资产成熟和未成熟的分界点，同时也是判断其相关费用停止资本化的时点，是区分其是否具备生产能力，开始计提折旧的分界点。生物资产在达到预定生产经营目的后发生的管护、饲养费用等后续支出，应当计入当期损益。

**【例2-6】**青山林业有限公司自2012年开始自行营造100公顷橡胶树，当年发生种苗费200 000元，平整土地和定植所需的机械作业费50 000元，定植当年抚育发生肥料及农药费10 000元，人员工资等100 000元。该橡胶树达到正常生产期为6年，从定植后至2018年每年发生管护费用120 000元，以银行存款支付。

（1）营造当年

借：生产性生物资产——未成熟生产性生物资产（橡胶树）360 000
　　贷：原材料——种苗　　200 000
　　　　　　　——肥料及农药　　10 000
　　　　应付职工薪酬　　100 000
　　　　累计折旧　　50 000

（2）以后6年每年的管护费用支出

借：生产性生物资产——未成熟生产性生物资产（橡胶树）120 000
　　贷：银行存款　　120 000

因此，2018年末该100公顷橡胶树的成本为：

360 000+120 000×6＝1 080 000（元）

（3）进入正常生产期时

借：生产性生物资产——成熟生产性生物资产（橡胶树） 1 080 000

贷：生产性生物资产——未成熟生产性生物资产（橡胶树）

1 080 000

（3）自行营造的公益性生物资产　自行营造的公益性生物资产的成本，应当按照郁闭前发生的造林费、抚育费、森林保护费、营林设施费、良种试验费、调查设计费和应分摊的间接费用等必要支出确定。

需要注意，应计入生物资产成本的借款费用，按照《企业会计准则第17号——借款费用》处理。消耗性林木类生物资产发生的借款费用，应当在郁闭时停止资本化。

投资者投入生物资产的成本，应当按照投资合同或协议约定的价值确定，但合同或协议约定价值不公允的除外。

3. 其他方式取得的生物资产

（1）天然起源的生物资产　天然林等天然起源的生物资源，仅在企业有确凿证据表明能够拥有或者控制该生物资产时，才能予以确认。企业拥有或控制的天然起源的生物资产，通常企业并未进行相关的农业生产，主要通过政府补助的方式取得，如政府向企业直接无偿划拨天然林等，或者政府向企业无偿划拨土地、河流湖泊从而企业间接取得其上天然生长的天然林、水生动植物等。在我国天然起源的生物资产应按名义金额确定生物资产的成本，同时计入当期损益，名义金额为1元人民币，即借记“消耗性生物资产”“生产性生物资产”或“公益性生物资产”科目，贷记“营业外收入”科目。

**【例2-7】**春光农业公司取得天然起源的草场20公顷。

借：公益性生物资产　1

贷：营业外收入　1

（2）投资者投入的生物资产　投资者投入的生物资产的成本，应当按照投资合同或协议约定的价值确定，但合同或协议约定价值不公允的除外。

（3）非货币性资产交换、债务重组和企业合并取得的生物资产的成本　分别按照《企业会计准则第7号——非货币性资产交换》《企业会计准则第12

号——债务重组》和《企业会计准则第20号——企业合并》确定。

4. 生物资产之间的结转

生物资产改变用途后的成本应当按照改变用途时的账面价值确定，也就是说，将转出生物资产的账面价值作为转入资产的实际成本。通常包括如下情况：

（1）产畜或役畜淘汰转为育肥畜或者林木类生产性生物资产转为林木类消耗性生物资产时，按转群或转变用途时的账面价值，借记“消耗性生物资产”科目，按已计提的累计折旧，借记“生产性生物资产累计折旧”科目，按其账面余额，贷记“生产性生物资产”科目。已计提减值准备的，还应同时结转已计提的减值准备。育肥畜转为产畜或役畜或者林木类消耗性生物资产转为林木类生产性生物资产时，应按其账面余额，借记“生产性生物资产”科目，贷记“消耗性生物资产”科目。已计提跌价准备的，还应同时结转跌价准备。

**【例2-8】** 2019年4月，大丰养殖场自行繁殖的50头种牛转为育肥牛，此批种牛的账面原价为500 000元，已经计提的累计折旧为200 000元，已经计提的减值准备为30 000元。

账务处理如下。

| |  |  |
|---|---|---|
| 借：消耗性生物资产——育肥牛 | 270 000 | |
| 生产性生物资产累计折旧 | 200 000 | |
| 生产性生物资产减值准备 | 30 000 | |
| 贷：生产性生物资产——成熟生产性生物资产（种牛） | | 500 000 |

（2）消耗性生物资产、生产性生物资产转为公益性生物资产时，应当按照相关准则规定，考虑其是否发生减值，发生减值时，应首先计提减值准备，并以计提减值准备后的账面价值作为公益性生物资产的入账价值。转换时应按其扣除减值准备后的账面价值，借记“公益性生物资产”科目，按已计提的生产性生物资产累计折旧，借记“生产性生物资产累计折旧”科目，按已计提的减值准备，借记“消耗性生物资产跌价准备”“生产性生物资产减值准备”科目，按账面余额，贷记“消耗性生物资产”“生产性生物资产”科目。

**【例2-9】** 2019年7月，由于区域生态环境的需要，青山林业有限公司的12公顷造纸原料林（杨树）被划为防风固沙林，仍由公司负责管理，该林的账面余额为80 000元，已经计提的跌价准备为5 000元。

账务处理如下。

借：公益性生物资产——防风固沙林（杨树） 75 000
　　消耗性生物资产跌价准备——杨树 5 000
　　贷：消耗性生物资产——造纸原料林（杨树） 80 000

（3）公益性生物资产转为消耗性生物资产或生产性生物资产时，应按其账面余额，借记“消耗性生物资产”或“生产性生物资产”科目，贷记“公益性生物资产”科目。

【例2-10】2019年9月，青山林业有限公司根据所属区域的林业发展规划相关政策调整，将以马尾松为主的800公顷防风固沙林，全部转为以采脂为目的的商品林，该马尾松的账面价值为2 000 000元。其中，已经具备采脂条件的为600公顷，账面价值为1 600 000元，其余的尚不具备采脂条件。2019年11月，甲公司根据国家政策规定，将100公顷作为防风固沙林的杨树转为作为造纸原料的商品林，该杨树账面余额为180 000元。

（1）2019年9月

借：生产性生物资产——成熟生产性生物资产（马尾松）1 600 000
　　生产性生物资产——未成熟生产性生物资产（马尾松）400 000
　　贷：公益性生物资产——防风固沙林（马尾松） 2 000 000

（2）2019年11月

借：消耗性生物资产——造纸原料林（杨树） 180 000
　　贷：公益性生物资产——防风固沙林（杨树） 180 000

## 三、生物资产的后续计量

### 1. 生产性生物资产的折旧

达到预定生产经营目的的生产性生物资产进入正常生产期，可以多年连续稳定产出农产品、提供劳务或出租，因此，应当按期计提折旧，并根据用途分别计入相关资产的成本或当期损益，以与其给企业带来的经济利益流入相配比。

生产性生物资产的折旧，是指在生产性生物资产的使用寿命内，按照确定的方法对应计折旧额进行系统分摊。其中，应计折旧额是指应当计提折旧的生产性生物资产的原价扣除预计净残值后的余额；如果已经计提减值准备，还应当扣除已计提的生产性生物资产减值准备累计金额。预计净残值是指预计生产性生物资产使用寿命结束时，在处置过程中所发生的处置收入扣除处置费用后的余额。企业应当根据生产性生物资产的性质、使用情况和有关经济利益的预期实现方式，合理确定其使用寿命、预计净残值和折旧方法。

（1）需要计提折旧的生产性生物资产的范围　当月增加的成熟生产性生物资产，当月不提折旧，从下月起计提折旧；当月减少的成熟生产性生物资产，当月照提折旧，从下月起不提折旧。成熟生产性生物资产提足折旧后，不管能否继续使用，均不再提取折旧；提前报废的成熟生产性生物资产，也不再补提折旧。

需要注意的是，以融资租赁租入的生产性生物资产和以经营租赁方式租出的生产性生物资产，应当计提折旧；以融资租赁租出的生产性生物资产和以经营租赁方式租入的生产性生物资产，不应计提折旧。生产性生物资产计提折旧的原则与固定资产相同。

（2）预计生产性生物资产的使用寿命　企业确定生产性生物资产的使用寿命，应当考虑下列因素：

① 该资产的预计产出能力或实物产量；

② 该资产的预计有形损耗，如产畜和役畜衰老、经济林老化等；

③ 该资产的预计无形损耗，如因新品种的出现而使现有的生产性生物资产的产出能力和产出农产品的质量等方面相对下降、市场需求的变化使生产性生物资产产出的农产品相对过时等。

生产性生物资产计算折旧的最低年限，林木类生产性生物资产为10年，畜类生产性生物资产为3年。

在具体实务中，企业应在考虑这些因素的基础上，结合不同生产性生物资产的具体情况做出判断，例如，在考虑林木类生产性生物资产的使用寿命时，可以考虑诸如温度、湿度和降雨量等生物特征以及灌溉特征、嫁接和修剪程序、植物的种类和分类、植物的株间距、所使用初生主根的类型、采摘或收割的方法、所生产产品的预计市场需求等。在相同的环境下，同样的生产性生物资产的预计使用寿命应该基本相同。

（3）生产性生物资产的折旧方法　生物资产准则规定了企业可根据生产性生物资产的性质、使用情况和有关经济利益的预期实现方式等，合理确定生产性生物资产的折旧方法。可选用的折旧方法包括年限平均法（直线法）、工作量法、产量法、双倍余额递减法、年数总和法等。生产性生物资产的折旧方法一经确定不得随意变更。《中华人民共和国企业所得税法实施条例》第六十三条规定："生产性生物资产按照直线法计算的折旧，准予扣除。"

此外，生物资产准则规定，企业至少应当于每年年度终了对生产性生物资产的使用寿命、预计净残值和折旧方法进行复核。如果生产性生物资产的使用寿命或预计净残值的预期数与原先估计数有差异的，或者有关经济利益预期实现方式有重大改变的，企业应当作为会计估计变更，按照《企业会计准则第28号——会计政策、会计估计变更和差错更正》的规定进行会计处理，调整生产性生物资产的使用寿命或预计净残值或者改变折旧方法。

（4）生产性生物资产计提折旧的账务处理　企业应当按期对达到预定生产经营目的的生产性生物资产计提折旧，并根据受益对象分别计入农产品成本、劳务成本、出租费用等。对成熟生产性生物资产按期计提折旧时，借记“农业生产成本”“管理费用”等科目，贷记“生产性生物资产累计折旧”科目。

**【例2-11】**2019年5月，大丰养殖场5头奶牛成熟，开始产奶，奶牛账面余额为36 000元，按照3年计提折旧。

（1）2019年5月奶牛由未成熟转为成熟

借：生产性生物资产——成熟生产性生物资产　　36 000

　　贷：生产性生物资产——未成熟生产性生物资产　　36 000

（2）2019年6月及以后各月计提折旧

借：农业生产成本　　1 000

　　贷：生产性生物资产累计折旧　　1 000

### 2. 生物资产减值

生物资产准则规定，企业至少应当于每年年度终了对消耗性生物资产和生产性生物资产进行检查，有确凿证据表明上述生物资产发生减值的，应当计提生物资产跌价准备或减值准备。企业首先应当注意消耗性生物资产和生产性生物资产是否有发生减值的迹象，如有，在此基础上计算确定消耗性生物资产的可变现净值或生产性生物资产的可收回金额。

（1）判断消耗性生物资产和生产性生物资产减值的主要迹象　对生物资产减值的会计处理，生物资产准则的规定比《企业会计准则第8号——资产减值》中根据有关减值迹象的判断等进行减值测试的方法有所简化，这主要是考虑到生物资产与其他资产相比具有显著的特点，即生物资产本身具有自我生长性，有时短暂的减值可能会通过以后的自我生长而得以恢复其价值，特别是林木资产生长周期短则几十年、长则上百年。因此，生物资产准则对消耗性生物资产和生产性生物资产的减值采取了易于判断的方式，即企业至少应当于每年年度终了对消耗性生物资产和生产性生物资产进行检查，有确凿证据表明由于遭受自然灾害、病虫害、动物疫病侵袭或市场需求变化等原因的情况下，上述生物资产才可能存在减值迹象。具体来说，消耗性生物资产和生产性生物资产存在下列情形之一的，通常表明可变现净值或可收回金额低于其账面价值。

① 因遭受火灾、旱灾、水灾、冻灾、台风、冰雹等自然灾害，造成消耗性生物资产或生产性生物资产发生实体损坏，影响该资产的进一步生长或生产，从而降低其产生经济利益的能力。

② 因遭受病虫害或者疯牛病、禽流感、口蹄疫等动物疫病侵袭，造成消耗性生物资产或生产性生物资产的市场价格大幅度持续下跌，并且在可预见的未来无回升的希望。

③ 因消费者偏好改变而使企业的消耗性生物资产或生产性生物资产收获的农产品的市场需求发生变化，导致市场价格逐渐下跌。与工业产品不同，一般情况下技术进步不会对生物资产的价值产生明显影响。

④ 因企业所处经营环境，如动植物检验检疫标准等发生重大变化，从而对企业产生不利影响，导致消耗性生物资产或生产性生物资产的市场价格逐渐下跌。

⑤ 其他足以证明消耗性生物资产或生产性生物资产实质上已经发生减值的情形。

（2）计提减值准备　消耗性生物资产的可变现净值或生产性生物资产的可收回金额低于其账面价值时，企业应当按照可变现净值或可收回金额低于账面价值的差额，计提生物资产跌价准备或减值准备，借记“资产减值损失”科目，贷记“消耗性生物资产跌价准备”或“生产性生物资产减值准备”科目。

消耗性生物资产的可变现净值是指在日常活动中，消耗性生物资产的估计售价减去至出售时估计将要发生的成本、估计的销售费用以及相关税费后的金额，其确定应当遵循《企业会计准则第1号——存货》。生产性生物资产的可收回金额根据其公允价值减去处置费用后的净额与资产预计未来现金流量的现值两者之间较高者确定，应当遵循《企业会计准则第8号——资产减值》。

**【例2-12】**春光农业公司种植水稻200公顷，已发生成本2 000 000元。2019年7月遭受冰雹，致使水稻严重受灾，期末水稻的可变现净值估计为1 500 000元。

借：资产减值损失——消耗性生物资产（水稻）　　500 000

　　贷：消耗性生物资产跌价准备（水稻）　　500 000

**【例2-13】**2019年8月，青山林业有限公司的橡胶园遭受台风袭击，12月31日对橡胶园进行检查时确认发生减值。该橡胶园销售净价总额为1 200 000元，尚可使用5年，预计在未来5年内产生的现金净流量分别为400 000元、360 000元、

320 000元、250 000元、200 000元（已考虑使用寿命结束时进行处置的现金净流量）。在考虑有关风险的基础上，青山林业有限公司决定采用5%的折现率。该橡胶园2019年12月31日的账面价值为1 500 000元，以前年度没有计提减值准备。有关计算过程见表2-1。

**表2-1　青山林业有限公司生物资产未来现金流量现值计算表**

| 年度 | 预计未来现金流量/元 | 折现率/% | 折现系数 | 现值/元 |
|---|---|---|---|---|
| 2020 | 400 000 | 5 | 0.9524 | 380 960 |
| 2021 | 360 000 | 5 | 0.9070 | 326 520 |
| 2022 | 320 000 | 5 | 0.8638 | 276 416 |
| 2023 | 250 000 | 5 | 0.8227 | 205 675 |
| 2024 | 200 000 | 5 | 0.7835 | 156 700 |
| 合计 | | | | 1 346 271 |

未来现金流量现值1 346 271元大于销售净价1 200 000元，因此该橡胶园的可收回金额为1 346 271元。

应计提的减值准备＝1 500 000−1 346 271＝153 729（元）

账务处理如下。

借：资产减值损失——生产性生物资产（橡胶）　　153 729

　　贷：生产性生物资产减值准备——橡胶　　153 729

（3）已确认的消耗性生物资产跌价损失的转回　企业在每年年度终了对消耗性生物资产进行检查时，如果消耗性生物资产减值的影响因素已经消失的，减记金额应当予以恢复，并在原已计提的跌价准备金额内转回，转回的金额计入当期损益，借记“消耗性生物资产跌价准备”科目，贷记“资产减值损失”科目。

根据《企业会计准则第8号——资产减值》的规定，生产性生物资产减值准备一经计提，不得转回。

（4）公益性生物资产不计提减值准备　对于公益性生物资产而言，由于其持有目的与消耗性生物资产和生产性生物资产有本质不同，主要是出于防护、环境保护等特殊公益性目的，具有非经营性的特点，因此生物资产准则规定公益性生物资产不计提减值。

### 3. 采用公允价值模式计量生物资产

（1）采用公允价值计量的条件　根据生物资产准则的规定，生物资产通常按照成本计量，但有确凿证据表明其公允价值能够持续可靠取得的应当采用公允价值计量。对于采用公允价值计量的生物资产，应当同时满足下列两个条件：

① 生物资产有活跃的交易市场，即该生物资产能够在交易市场中直接交易活跃的交易市场，是指同时具有下列特征的市场：a.市场内交易的对象具有同质性；b.可随时找到自愿交易的买方和卖方；c.市场价格信息是公开的。

就我国目前的情况，生长中的生物资产尚不存在活跃市场，可验证的市场价格尚难以取得。因此，企业在对生物资产应用公允价值时应当特别注意。

② 能够从交易市场上取得同类或类似生物资产的市场价格及其他相关信息，从而对生物资产的公允价值做出科学合理的估计。同类或类似的生物资产，是指品种相同、质量等级相同或类似、生长时间相同或类似、所处气候和地理环境相同或类似的有生命的动物和植物。这一规定表明，企业能够客观而非主观随意地使用公允价值。

（2）公允价值模式下的会计处理　在公允价值模式下，企业不对生物资产计提折旧和计提跌价准备或减值准备，应当以资产负债表日生物资产的公允价值减去估计销售时所发生费用调整其账面价值，其与原账面价值之间的差额计入当期损益。一般情况下，企业对生物资产的计量模式一经确定，不得随意变更。

**【例2-14】**2019年4月30日，春光农业公司某生产性生物资产账面余额为23 000元，公允价值为22 000元；某消耗性生物资产账面余额为12 000元，公允价值为14 000元；某公益性生物资产账面余额为2 100元，公允价值为2 300元。假定春光农业公司对生物资产采用公允价值计量，不考虑其他因素，会计处理如下。

| |  |  |
|---|---|---|
| 借：公允价值变动损益 | 1 000 | |
| 　贷：生产性生物资产 | | 1 000 |
| 借：消耗性生物资产 | 2 000 | |
| 　公益性生物资产 | 200 | |
| 　贷：公允价值变动损益 | | 2 200 |

# 第三节　生物资产的收获与处置

## 一、生物资产的收获

收获，是指消耗性生物资产生长过程的结束，如收割小麦、采伐用材林等，以及农产品从生产性生物资产上分离，如从苹果树上采摘下苹果、奶牛产出牛奶、绵羊产出羊毛等。

### 1. 收获农产品成本核算的一般要求

农产品按照所处行业，一般可以分为种植业产品（如小麦、水稻、玉米、棉花、糖料、烟叶等）、畜牧养殖业产品（如牛奶、羊毛、肉类、禽蛋等）、林产品（如苗木、原木、水果等）和水产品（如鱼、虾、贝类等）。企业应当按照成本核算对象（消耗性生物资产、生产性生物资产、公益性生物资产和农产品）设置明细账，并按成本项目设置专栏，进行明细分类核算。

从收获农产品成本核算的截止时点来看，由于种植业产品和林产品一般具有季节性强、生产周期长、经济再生产与自然再生产相交织的特点，种植业产品和林产品成本计算期因不同产品的特点而异。因此，企业在确定收获农产品的成本时，应特别注意成本计算的截止时点，而在收获时点之后的农产品应当适用《企业会计准则第1号——存货》，按照成本与可变现净值孰低计量。例如，粮豆的成本算至入库或能够销售；棉花算至皮棉；纤维作物、香料作物、人参、啤酒花等算至纤维等初级产品；草成本算至干草；不入库的鲜活产品算至销售；入库的鲜活产品算至入库；年底尚未脱粒的作物，其产品成本算至预提脱粒费用等。再如，育苗的成本计算截至出圃；采割阶段，林木采伐算至原木产品；橡胶算至加工成干胶或浓缩胶乳；茶的成本计算截至各种毛茶；水果等其他收获活动计算至产品能够销售等。

### 2. 收获农产品的会计处理

（1）消耗性生物资产收获为农产品　从消耗性生物资产上收获农产品后，消耗性生物资产自身完全转为农产品而不复存在，如肉猪宰杀后的猪肉、收获后的蔬菜、用材林采伐后的木材等，企业应当将收获时点消耗性生物资产的账面价值结转为农产品的成本。结转成本的方法包括加权平均法、个别计价法、蓄积量比例法、轮伐期年限法等。借记“农产品”科目，贷记“消耗性生物资产”或“农业生产成本”科目，已计提减值准备的，还应同时结转减值准备，借记“消耗性生物资产跌价准备”科目；对于不入库直接销售的鲜活产品等，按实际成本，借记“主营业务成本”，贷记“消耗性生物资产”或“农业生产成本”科目。

**【例2-15】** 春光农业公司2019年6月入库小麦50吨，成本为30 000元。

借：农产品——小麦　　30 000

　　贷：消耗性生物资产——小麦　　30 000

　　（或 农业生产成本——小麦　　30 000）

**【例2-16】** 清河水产养殖企业2019年6月出售新鲜鲫鱼4 000千克，每千克售价25元，每千克养殖成本15元。

借：银行存款　　100 000

　　贷：主营业务收入　　100 000

借：主营业务成本　　60 000

　　贷：农业生产成本　　60 000

（2）生产性生物资产收获农产品　生产性生物资产具备自我生长性，能够在生产经营中长期、反复使用，从而不断产出农产品。从生产性生物资产上收获农产品后，生产性生物资产这一母体仍然存在，如奶牛产出牛奶、从果树上采摘下水果等。农业生产过程中发生的各项生产费用，按照经济用途可以分为直接材料、直接人工等直接费用以及间接费用，企业应当区别处理。

① 农产品收获过程中发生的直接材料、直接人工等直接费用，直接计入相关成本核算对象，借记“农业生产成本——××农产品”科目，贷记“库存现金”“银行存款”“原材料”“应付职工薪酬”“生产性生物资产累计折旧”等科目。

**【例2-17】** 大丰养殖场2019年1月发生奶牛（已进入产奶期）的饲养费用如下：领用饲料5 000千克，计1 200元，应付饲养人员工资3 000元，以现金支付防疫费500元。

借：农业生产成本——牛奶　　4 700

　　贷：原材料　　1 200

　　　　应付职工薪酬　　3 000

　　　　库存现金　　500

【例2-18】春光农业公司2019年6月收割小麦发生机械作业费2 000元，人员工资1 500元。

借：农业生产成本——小麦　　3 500

　　贷：累计折旧　　2 000

　　　　应付职工薪酬　　1 500

② 农产品收获过程中发生的间接费用，如材料费、人工费、生产性生物资产的折旧费等应分摊的共同费用，应当在生产成本归集，借记“农业生产成本——共同费用”科目，贷记“库存现金”“银行存款”“原材料”“应付职工薪酬”“生产性生物资产累计折旧”等科目；在会计期末按一定的分配标准，分配计入有关的成本核算对象，借记“农业生产成本——××农产品”科目，贷记“农业生产成本——共同费用”。

实务中，常用的间接费用分配方法通常以直接费用或直接人工为基础，直接费用比例法以生物资产或农产品相关的直接费用为分配标准，直接人工比例法以直接从事生产的工人工资为分配标准，其公式为：

间接费用分配率＝间接费用总额÷分配标准（即直接费用总额或直接人工总额）×100%

某项生物资产或农产品应分配的间接费用额＝该项资产相关的直接费用或直接人工×间接费用分配率

### 3. 成本结转方法

在收获时点企业应当将该时点归属于某农产品生产成本的账面价值结转为农产品的成本。结转成本的方法包括加权平均法、个别计价法、蓄积量比例法、轮伐期年限法等。借记“农产品”科目，贷记“农业生产成本——××农产品”或“消耗性生物资产”科目。企业可以根据实际情况选用合适的成本结转方法，但是一经确定，不得随意变更。

【例2-19】大丰养殖场2019年4月末养殖的肉羊账面余额为35 000元，共计50只；5月以7 000元新购入10只；6月30日屠宰并出售20只，支付临时工屠宰费用1 000元，出售取得价款26 000元；5～6月份共发生饲料费用1 200元。采用加权平均法结转成本。

平均单位成本＝（35 000＋7 000＋1 200）÷（50+10）＝720（元）

出售羊的成本＝720×20＝14 400（元）

（1）5月新购入

借：消耗性生物资产　7 000

　贷：银行存款　7 000

（2）5～6月份发生饲养费用

借：消耗性生物资产——肉羊　1 200

　贷：原材料　1 200

（3）6月30日屠宰入库

借：农产品——羊肉　15 400

　贷：消耗性生物资产——肉羊　14 400

　　库存现金　1 000

（4）出售取得价款

借：库存现金　26 000

　贷：主营业务收入　26 000

借：主营业务成本　15 400

　贷：农产品——羊肉　15 400

收获之后的农产品，应当按照《企业会计准则第1号——存货》处理。

## 二、生物资产的处置

### 1. 生物资产出售或转让

（1）消耗性生物资产出售时，应按实际收到的金额，借记“银行存款”等科目，贷记“主营业务收入”等科目；应按其账面余额，借记“主营业务成本”等科目，贷记“消耗性生物资产”科目，已计提跌价准备的，还应同时结转跌价准备。

**【例2-20】**大丰养殖场2019年10月将育成的40头肉羊出售给乙食品加工厂，价款总额为40 000元，贷款尚未收到。出售时肉羊的账面余额为32 000元，未计提跌价准备。

借：应收账款——乙食品加工厂　40 000

　贷：主营业务收入　40 000

借：主营业务成本　32 000

　贷：消耗性生物资产——肉羊　32 000

（2）处置生产性生物资产，应按实际收到的金额，借记“银行存款”等科目，按已计提的累计折旧，借记“生产性生物资产累计折旧”科目，按其账面余额，贷记“生产性生物资产”科目，按其差额，借记“营业外支出——处置非流动资产损失”科目或贷记“营业外收入——处置非流动资产利得”科目。已计提减值准备的，还应同时结转减值准备。

**【例2-21】**大丰养殖场2019年7月5日将3头奶牛作价27 000元转让给王某家。这批奶牛的账面原值为36 000元，已计提折旧15 000元，未计提减值准备。先收现款10 000元，年底结清。

借：库存现金　　10 000

　　应收账款——王某　　17 000

　　生产性生物资产累计折旧　　15 000

　　贷：生产性生物资产——成熟生产性生物资产（奶牛）　　36 000

　　　　营业外收入——处置非流动资产利得（奶牛）　　6 000

### 2. 生物资产盘盈、盘亏或死亡、毁损

盘盈、盘亏或死亡、毁损的生物资产借记或贷记“消耗性生物资产”“生产性生物资产”或“公益性生物资产”等科目，贷记或借记“待处理财产损溢”。待查明原因后，按管理权限报经批准后，在期末结账前处理完毕。

生物资产因盘亏或死亡、毁损造成的损失，在减去过失人或者保险公司等的赔款和残余价值之后，计入当期管理费用；属于自然灾害或重大疫病等非正常损失的，计入营业外支出。生物资产因盘亏或死亡、毁损造成的损失，如果在期末结账前尚未批准，应在对外提供财务报表时，先按上述规定进行处理，并在报表附注中作出说明，如果其后批准处理的金额与已经处理的金额不一致，应按其差额调整财务报表相关项目的年初数。生物资产在运输途中发生的非正常短缺与损耗，也通过“待处理财产损溢”核算。

**【例2-22】**大丰养殖场2019年7月5日丢失三头种猪，账面原值为26 000元，已经计提折旧8 000元；7月30日经查实，饲养员李牛应赔偿3 000元。

借：待处理财产损溢　　18 000

　　生产性生物资产累计折旧　　8 000

　　贷：生产性生物资产——种猪　　26 000

借：其他应收款——李牛　　3 000

管理费用　15 000
贷：待处理财产损溢　18 000

【例2-23】大丰养殖场因地震猪舍倒塌，损失育肥猪5头，价值2 500元。应由保险公司赔偿1 500元。

借：待处理财产损溢　2 500
贷：消耗性生物资产——育肥猪　2 500
借：其他应收款——保险公司　1 500
营业外支出——非正常损失　1 000
贷：待处理财产损溢　2 500

【例2-24】2012年至2017年某林业有限责任公司自行营造的具有生产性特点的油茶林10公顷，共发生造林抚育成本61 000元；2019年继续追加投入直接材料费用8 910元、人员工资8 000元，计提福利费1 120元，以银行存款支付技术服务费6 000元；2019年年末该油茶林达到预定生产经营目的。2019年的账务处理为：

借：生产性生物资产——未成熟生产性生物资产　24 030
贷：原材料　8 910
应付职工薪酬——工资　8 000
——职工福利　1 120
银行存款　6 000
借：生产性生物资产——成熟生产性生物资产　85 030
贷：生产性生物资产——未成熟生产性生物资产　85 030

# 第四节　生物资产的披露

## 一、企业应当在附注中披露与生物资产有关的信息

① 生物资产的类别以及各类生物资产的实物数量和账面价值。

② 各类消耗性生物资产的跌价准备累计金额，以及各类生产性生物资产的使用寿命、预计净残值、折旧方法、累计折旧和减值准备累计金额。

③ 天然起源生物资产的类别、取得方式和实物数量。

④ 用于担保的生物资产的账面价值。

⑤ 与生物资产相关的风险情况与管理措施。

## 二、企业应当在附注中披露与生物资产增减变动有关的信息

① 因购买而增加的生物资产；

② 因自行培育而增加的生物资产；

③ 因出售而减少的生物资产；

④ 因盘亏或死亡、毁损而减少的生物资产；

⑤ 计提的折旧及计提的跌价准备或减值准备；

⑥ 其他变动。

### 实训案例

1. 某林业有限责任公司自行营造用材林，在郁闭成林前，支付人员工资16 000元及福利费2 240元，领用材料31 000元。

2. 某林业有限责任公司购买农户的已郁闭成林的马尾松7公顷，作为造纸原料林，共支付价款200 000元，以现金支付。

3. 某林业有限责任公司依据市场需求和马尾松的实际情况，将该林班母树林调整为以生产木材为经营目的，该林班林木资产账面余额为80 000元，已计提折旧30 000元，已计提生产性生物资产减值准备10 000元。

4. 某林业有限责任公司依据国家政策规定，将A林班100公顷公益林转变为以生产木材为主的商品林，该公益林的账面价值为100 000元。

5. 林业公司自行营造的具有生产性特点的油茶林10公顷，共发生造林抚育费41 000元，2019年继续追加投入直接材料费用5 720元、人员工资2 280元、银行存款支付的技术服务费2 000元；2019年末该油茶林达到预定生产经营目的，该油茶林未计提减值准备。

6. 林业公司依据市场变化和乙林班马尾松的实际情况，将该林班以木材为经营目的调整作为母树林，该林班资产账面余额为300 000元，已计提跌价准备50 000元。

7. 林业公司使用国家专项拨款营造的7公顷公益林已经郁闭成林，该公益林的实际成本为36 000元，其中工人工资22 800元、原材料10 000元、其他现金开支3 200元。

8. 某纸业有限责任公司为满足造纸的原料需要，采伐企业自行营造培育的

造纸原料林200公顷，该林木资产的账面余额为200 000元，已计提跌价准备5 000元。

9. 2019年5月某林业有限责任公司对处于正常生产期的油茶林10公顷，提取折旧400元。

10. 林业公司发生的森林管护费用40 000元，其中人员工资20 000元，原材料15 000元，管护设备折旧5 000元，管护总面积8 000公顷；其中郁闭成林前的消耗性生物资产、公益林面积分别为3 000公顷和1 000公顷，郁闭成林后的消耗性生物资产、公益林面积分别为2 500公顷和1 500公顷；其中公益林管护使用国家专项拨款。管护费用按照面积比例进行分配。

11. 某林业有限责任公司的已郁闭成林造纸原料林（2018年以前未计提跌价准备）账面价值3 000 000元，2018年由于发生虫害，预计其可变现净值为2 400 000元，2019年由于虫害得到一定治理，该原料林预计可变现净值为2 600 000元，2020年3月虫害得到完全治理，该原料林长势较好，预计可变现净值为3 100 000元。

12. 春光农业公司2013年年初自行营造1000亩（1亩 = 1/15公顷≈666.67平方米）茶树。

（1）当年发生种苗费200万元，平整土地所用机械折旧费20万元，肥料16万元，农药10万元，人工费28万元，管护费11.9万元。

（2）茶树幼年期3年，从2014年起，年抚育发生化肥费8万元、农药2万元、人工费2.5万元、管护费3万元。

（3）该茶树2017年进入成熟期，预期经济寿命30年。假定该茶树采用成本模式计量，采用年限平均法计提折旧，无残值。成熟期后年化肥费4万元，农药费2万元，人工费3万元，其他管护费2万元。

（4）自2017年每年生产茶叶300 000千克。年采茶工人工资15万元，机器折旧费4万元，包装费100万元。

13. 青山林业公司自行营造的白桦林，用于生产薪炭，属于林木类生产性生物资产。郁闭前发生的已经支付的造林费、抚育费、营林设施费、良种试验费、调查设计费合计是120 000元。为了营造此林，公司专门向农业银行借款60 000元，其中应资本化的借款费用是28 000元。

14. 青山林业公司有一片经济林，原价是25万元，预计可使用年限为10年，预计净残值率是4%，采用直线折旧法。

15. 2018年12月31日，某林业公司其账面生物资产一直采用公允价值进行计量，其中待出圃樱桃树苗账面余额30万元，市场价值为36万元；桃树园账面余额100万元，市场价值为80万元；绿化林带账面余额60万元，市场价值为120万元。如果没有其他因素影响，则该公司的会计应在月末进行如何调整。

16. 本月提取固定资产折旧50 000元，其中，办公用品及设备折旧5 000元、生产用设备折旧5 000元、生物性资产折旧40 000元。

17. 某纸业有限责任公司为满足原料需要，采伐企业自行培育的造纸原料林200公顷，该林木资产的账面余额为300 000元，已计提跌价准备7 000元。

18. 林业公司出售工业原料林7公顷，取得价款400 000元，存入银行。该林账面价值270 000元，已计提跌价准备70 000元。

19. 某肉鸡饲养公司，2015年2月因禽流感而将饲养中的肉鸡全部焚烧处理。同月收到国家补贴9 000元。肉鸡当前的生产成本为15 000元。

# 种植业生产成本的核算

## 第一节　种植业成本核算概述

### 一、农业种植业的范围

广义的农业包括农、林、牧、副、渔各业。狭义的农业即种植业，包括粮食作物、经济作物、饲料作物和绿肥等的生产，具体项目通常用“十二个字”即粮、棉、油、麻、丝（桑）、茶、糖、菜、烟、果、药、杂来代表，粮食生产尤占主要地位。

### 二、种植业成本核算的对象

农业企业应根据种植业生产经营的特点和成本管理的要求，确定成本核算的重点和对象，按照“主要从细，次要从简”的原则，组织种植业的成本核算。

“主要从细，次要从简”原则，是指在会计核算时对主要作物的成本实行重点而详细的核算，这些作物在种植业生产中占有非常重要的地位，不仅播种面积大、产量高，而且播种范围广。而对于一些次要作物在进行成本核算时，实行非重点和简化的核算。由于这些作物播种面积少、产量低、地位相对次要，没必要按农产品品种单独组织成本核算，可合并核算其生产成本，这样便大大简化了会计核算手续，从而大大减轻了会计核算的工作量。

## 三、种植业成本计算期

种植业农产品生产成本计算的截止时间因农作物农产品的特点而异。种植业生产具有季节性强、生长周期长、经济再生产与自然再生产相交织的特点。在确定种植业各成本计算期时，应与其生产周期一致，在产品产出的月份计算成本。

粮豆作物（如水稻）的成本算至入库或在场上能够销售；棉花算至皮棉；纤维作物、香料作物、人参、啤酒花等算至初级产品；牧草成本算至干草；不入库的鲜活产品（如蔬菜）算至销售，入库的鲜活产品算至入库；年底尚未脱粒的作物（如水稻），其产品成本应算至预提脱粒费用。下年度实际发生的脱粒费用和预提费用的差额，由下年同一产品负担。

任何作物从播种、栽培、成熟发生生产成本到形成入库或可以对外出售的农产品，便成了确定农产品成本计算期的根据。

## 四、种植业成本项目及会计科目的设置

### 1. 种植业成本项目

按照经济用途种植业成本项目一般可设置以下几项：

（1）直接材料　实际耗用的自产或外购的种子、种苗、肥料、地膜、农药等，发生时直接计入种植业的生产成本。其中外购种子或调换的良种按实际支出金额计算，自产留用的种子按中等收购价格计算。商品化肥或外购农家肥按购买价加运杂费计价，种植的绿肥按其种子和肥料消耗费计价，自备农家肥按规定的分等级单价和实际施用量计算。农药费按作物实际使用量计价。

（2）直接人工　是指直接从事种植业生产人员的工资、工资性津贴、奖金、福利费等，包括机械作业人员的人工费用，发生时直接计入种植业的生产成本。

（3）机械作业费　是指生产过程中进行耕、耙、播种、施肥、中耕、除草、喷药等机械作业所发生的费用支出，如燃料和润滑油、修理用零部件、农机具折旧费、农机具修理费等。有航空作业的种植业，还包括航空作业费。能够区分应由哪种产品负担的机械作业费直接计入该种产品的生产成本，不能区分可采用一定方法分配计入产品的生产成本。凡请别人操作或租用农机具作业的按所支付的金额计算。如用自有的农机具作业的，应按实际支付的油料费、修理费、机器折旧费等费用，折算出每亩支付金额，再按作物面积计入成本。

（4）其他直接费　是指除直接材料、直接人工和机械作业费以外的其他直接费用，如灌溉费、抽水机灌溉作业费、运输费等。发生时直接计入产品的生产成本。

（5）制造费用　是指农业企业为组织和管理生产而发生的，应摊销、分配计入各农产品的间接费用，如种植业生产中所发生的管理人员工资及福利费、固定资产折旧费、晾晒费用、场院照明费用、晒场维修费、水电费、粮食清选费用、烘干费等。

2. 会计科目的设置

企业应在“农业生产成本”一级科目下，设置“种植业生产成本——小麦等”科目（为了方便，以下内容直接用“种植业生产成本”），可按直接材料费、直接人工费、机械作业费、其他直接费用和制造费用进行明细核算。

发生的制造费用，不能够区分属于某种产品负担的，先在“农业生产成本——共同费用”里归集，然后按一定的方法进行分配。

此外，为生产服务的辅助生产车间，在提供自制工具、备件、供水供电、维修等过程中发生的费用，先在“生产成本——辅助生产成本”中归集，然后分配计入“农业生产成本”“管理费用”等账户。

# 第二节　消耗性生物资产农作物成本核算

## 一、消耗性生物资产农作物成本归集和分配

消耗性生物资产的农作物成本，通过“种植业生产成本”进行归集和分配并按成本计算对象设置明细账，在明细账中还应按规定的成本项目设置专栏，期末转入“消耗性生物资产”科目（注：实际工作中也有直接在“消耗性生物资产”中进行成本归集的，不通过“种植业生产成本”科目）。

## 二、消耗性生物资产的农产品成本计算

大田作物包括粮食作物和经济作物，需要计算其生产总成本、单位面积成本和主产品单位产量成本。主产品产量指实际收获的农作物主要农产品的数量。主要农作物的主产品为：粮食作物按原粮（标准水分）计算（其中玉米指脱粒后的粒子），薯类按干薯计算，豆类按去豆荚后的干豆计算，棉花按皮棉计算，烟叶按调制后干烟计算，花生按带壳干花生计算，苎麻按干麻计算，黄红麻按熟麻计算，茶叶按初制加工后的干毛茶计算，甘蔗以蔗根计算，甜菜按块根计算，中药材按干货计算。

计算大田作物主要产品的生产成本应采用品种法，以主要农产品品种为成本计算对象，并按其设置生产成本明细账，归集各项生产费用。

### 1. 当年生大田作物的产品成本计算

当年生大田作物是指生长期不超过一年的农作物，如小麦、大豆、棉花等。一般是当年播种当年收获，也有少部分作物跨年度收获，如冬小麦。

某种作物的生产总成本，就是该种大田作物在生产过程中发生的生产费用总额，这一成本指标由农业生产成本明细账直接提供。

大田作物在完成生产过程后，一般可以收获主、副两种产品。主产品是进行生产的主要目的，如小麦、棉花等；副产品是附带获得的产品，如麦秸、棉秆等。由于主、副产品是同一生产过程的成果，所以一种作物的全部生产费用，应由它的主、副产品共同负担。有时为了简化成本核算，计算主产品单位成本时，可以从全部生产费用中扣除副产品价值。

消耗性生物资产主、副产品成本分配方法通常有以下两种：

（1）估价法　对副产品按市场价格进行估价，以此作为副产品成本。从生产费用总额中减去副产品价值就得到主产品成本。

（2）比率法　先求出生产费用实际额与计划额之比，再分别以生产主产品和副产品的计划成本乘以这一比率，就可以计算出主产品和副产品的成本。

当年生大田作物的主产品单位成本的计算公式为：

某种作物主产品单位产量成本=（该种作物生产总成本－副产品价值）÷该种作物主产品产量

公式中的农副产品价值，又称副产品成本，可采用估价法或比例分配法予以确定。

**【例3-1】**春光农业公司2019年收获小麦200 000千克，每千克计划成本0.4元；麦秸250 000千克，每千克计划成本0.02元。当年发生的实际费用总额为76 500元。

（1）用比率法计算小麦和麦秸的实际成本，见表3-1。

**表3-1　农产品成本计算表**

| 产品名称 | 实际产量/千克 | 计划成本 | | 实际成本 | |
|---|---|---|---|---|---|
| | | 单位成本/(元/千克) | 总成本/元 | 单位成本/（元/千克） | 总成本/元 |
| 小麦 | 200 000 | 0.40 | 80 000 | 0.36 | 72 000 |
| 麦秸 | 250 000 | 0.02 | 5 000 | 0.018 | 4 500 |
| 合计 | — | — | 85 000 | — | 76 500 |

$$实际成本分配率=\frac{76\ 500}{85\ 000}\times 100\%=90\%$$

$$小麦实际总成本=80\ 000\times 90\%=72\ 000（元）$$

$$小麦实际单位成本=\frac{72\ 000}{200\ 000}=0.36（元/千克）$$

$$麦秸实际总成本=5\ 000\times 90\%=45000（元）$$

$$麦秸实际单位成本=\frac{4\ 500}{250\ 000}=0.018（元/千克）$$

（2）若春光农业公司不计算麦秸成本，2019年麦秸的市场价格为每千克0.15元，则

$$小麦单位成本=\frac{76\ 500-0.15\times 250\ 000}{200\ 000}=0.195（元/千克）$$

### 2. 一次收获的多年生作物的产品成本计算

多年生作物是指人参、剑麻、甘蔗、胡椒等经济作物，特点是生长期长，可一次收获或多次收获。一次性收获作物属于消耗性生物资产，多次性收获作物属于生产性生物资产。

一次收获的多年生作物如人参等，应按生长期内各年累计的生产费用计算成本，其成本计算方法可采用分批法或品种法，生产期内各年累计的生产费用即为其总成本。

一次性收获的多年生作物主产品单位成本=（截止收获月份的累计费用一副产品价值）/主产品产量

**【例3-2】** 春光农业公司2015年种植10亩人参，四年后人参成熟，收获鲜参8 000千克。种子成本90 000元；每亩地每年租金6 000元；第一年人工成本20 000元，第二年和第三年每年人工成本15 000元，第四年人工成本22 000元；第一年其他生产费用2 800元，第二年和第三年每年其他生产费用1 500元，第四年其他生产费用2 200元。计算人参的单位成本。

$$每千克人参成本=\frac{90\ 000+6\ 000\times 10\times 4+(20\ 000+15\ 000+15\ 000+22\ 000)+(2\ 800+1\ 500+1\ 500+2\ 200)}{8\ 000}=51.25（元）$$

### 3. 蔬菜成本计算

蔬菜的栽培一般分为露地栽培和保护地栽培。

（1）露地蔬菜栽培成本计算　对大宗的各主要的露天栽培蔬菜，应按每种蔬菜设置明细账，单独核算每种蔬菜的生产成本，其费用汇集、成本计算指标和计算方法与大田作物相同。对于小量的和次要的露天栽培蔬菜，可合并计算其生产成本。按照蔬菜类别设置明细账，分类归集生产费用，采用计划成本比率法分别计算各种蔬菜的总成本，进而计算单位产量成本。

计划成本分配率=该类蔬菜的实际成本/该类蔬菜的计划成本×100%

某类蔬菜的实际成本=该类蔬菜的计划成本×计划成本分配率

**【例3-3】**春光农业公司2019年收获下列各种蔬菜：茄子10 000千克，每千克计划成本0.72元；白菜20 000千克，每千克计划成本0.6元；胡萝卜18 000千克，每千克计划成本0.25元。当年三种蔬菜的实际生产费用总额为22 041元。用计划成本分配率计算茄子、白菜和胡萝卜的实际单位成本。

茄子的计划成本＝0.72×10 000＝7 200（元）

白菜的计划成本＝0.6×20 000＝12 000（元）

胡萝卜的计划成本＝0.25×18 000＝4 500（元）

计划成本总额＝7 200+12 000+4 500＝23 700（元）

$$\text{计划成本分配率}=\frac{22\,041}{23\,700}\times 100\%=93\%$$

$$\text{每千克茄子的实际成本}=\frac{7\,200\times 93\%}{10\,000}=0.67\text{（元）}$$

$$\text{每千克白菜的实际成本}=\frac{12\,000\times 93\%}{20\,000}=0.56\text{（元）}$$

$$\text{每千克胡萝卜的实际成本}=\frac{4500\times 93\%}{18\,000}=0.23\text{（元）}$$

（2）保护地栽培蔬菜的生产成本计算　即利用温床和温室进行蔬菜栽培。一般是先用温床育苗，然后移栽至温室。保护地栽培蔬菜的生产总成本，包括直接计入蔬菜生产成本的费用、需要分配的温床和温室费用以及其他间接费用。直接计入蔬菜生产成本的费用，是指耗用的种子、肥料、农药、生产工人的工资及福利费等；温床、温室的费用，是指温床、温室的发热材料费、燃料费、供水费、管理温床和温室的工人工资及福利费、温床和温室的折旧费、修理资等；其他间接费用，是指保护地栽培蔬菜应负担的制造费用等。

温床和温室费用应按照各种蔬菜占用的温床格日数或温室平方米日数，分配计入各种蔬菜的生产成本。其成本指标，除蔬菜每千克成本外，还有温床格日（一个温床格用一天为一个温床格日）成本和温室平方米日（温室中一平方米面积占用一天为一个温室平方米日）成本。

温床格日数指某种蔬菜占用温床格数和在温床生长日数的乘积。温室平方米日数指某种蔬菜占用温室的平方米数和在温室生长日数的乘积。

$$\text{某种蔬菜应分配的温床费用}=\frac{\text{温床费用总额}}{\text{温床实际使用的格日数}}\times\text{该种蔬菜占温床格日数}$$

$$\text{某种蔬菜应分配的温室费用}=\frac{\text{温室费用总额}}{\text{温室实际使用的平方米日数}}\times\text{该种蔬菜占温室平方米日数}$$

利用温床或温室栽培各种蔬菜所发生的生产费用，当合并核算时，可按每温床格日成本或温室平方米日成本来计算各种蔬菜的成本。

$$\text{每温床格日成本}=\frac{\text{温床费用总额}}{\text{各温床蔬菜生长期间占用的格日数总和}}$$

$$\text{每温室平方米日成本}=\frac{\text{温室费用总额}}{\text{各温室蔬菜生长期间占用的平方米日数总和}}$$

**【例3-4】**某农业企业温室栽培番茄（西红柿）和水萝卜两种蔬菜。番茄占地200平方米，生长期40天，收获10 000千克；水萝卜占地300平方米，生长期50天，收获50 000千克；生产费用总额为23 000元。计算番茄和水萝卜的单位成本。

$$\text{每温室平方米日成本}=\frac{23\ 000}{200\times40+300\times50}=1\text{（元）}$$

$$\text{每千克番茄成本}=\frac{1\times200\times40}{10\ 000}=0.8\text{（元）}$$

$$\text{每千克水萝卜成本}=\frac{1\times300\times50}{50\ 000}=0.3\text{（元）}$$

设置“种植业生产成本——蔬菜”账户，蔬菜的生产成本按品种及批次进行成本的归集，在采收时根据技术部的估产产量，按估产单位成本进行成本的结转，在采收结束时进行一次性调整，也可根据采收产量情况，随时调整。在采收结束之后发生的成本费用，归集在下一批次成本核算。

不能直接分清使用对象的费用在“种植业生产成本——蔬菜（共同费用）”里归集，其分摊的方法可按种植品种在地的天数乘以面积来进行。因蔬菜的种植天数较短，一般一年内都能复种二至三茬，所以分摊有些困难。

关于种植蔬菜基地“空地成本”的归集处理，空地成本是指未种植农用作物，但还需要使用农用物资、人工费用，还有地租的支付等。根据会计核算的重要性原则，如果费用较小，可直接归集到生产成本；如果费用较大，则要具体分析处理；如造成空地是自然原因不能种植，如休耕期、天气干旱缺水等，记入“营业外支出”或“管理费用”，如是生产必需的，可直接进入“生产成本”。

## 三、消耗性生物资产农作物账务处理实例

### 1. 大田作物生产成本核算

现以冬小麦为例，按种植业生产流程发生的正常典型业务介绍账务处理。

（1）准备阶段的核算　准备阶段的核算包括发生购买种子、种苗、肥料、地膜、农药等及进行土地平整业务的核算。

**【例3-5】**2018年8月2日，农场购入种子5 000千克，价款45 000元，相关运输费和装卸费等采购成本的费用为670元，上述款项已通过银行存款支付。

借：原材料——小麦——直接材料（种子）　45 670

　贷：银行存款　45 670

**【例3-6】**8月18日购买化肥二铵，价款和其他可归属于肥料采购成本的费用为6 270元。发生购买杀虫剂价款和其他可归属于农药采购成本的费用为780元，上述款项以银行存款支付。

借：原材料——化肥（二铵）　6 270

　　　　——农药（杀虫剂）　780

　贷：银行存款　7 050

【例3-7】9月28日为种植小麦平整土地50亩，共发生机械作业费用为3 200元，以现金支付。

借：种植业生产成本——小麦——机械作业费　　3 200

　　贷：库存现金　　3 200

（2）种植阶段的核算　种植阶段的核算包括发生的机械作业费（耕耙播种）、消耗原材料（种子、种苗、肥料、地膜、拌种农药）、播种人员用工等业务的核算。

【例3-8】9月29日用自有播种机播种冬小麦50亩，应承担累计折旧费用为1 200元。

借：种植业生产成本——小麦——制造费用　　1 200

　　贷：种植业生产成本——共同费用——折旧费　　1 200

【例3-9】9月29日因种植小麦共领用种子875千克（1 750斤），成本为5 000元，地膜价值1 000元，拌种农药4 500元。

借：种植业生产成本——小麦——直接材料　　10 500

　　贷：原材料——种子　　5 000

　　　　——地膜　　1 000

　　　　——农药　　4 500

【例3-10】根据工资分配表，应付种植小麦播种人员的工资980元。

借：种植业生产成本——小麦——直接人工　　980

　　贷：种植业生产成本——共同费用——人工费　　980

【例3-11】以银行存款支付小麦浇灌水电费700元。

借：种植业生产成本——小麦——其他直接费　　700

　　贷：银行存款　　700

【例3-12】2018年末，将发生的冬小麦生产成本转入“消耗性生物资产——小麦”科目。

借：消耗性生物资产——小麦　　16 580

　　贷：种植业生产成本——小麦　　16 580

注意：在当年能够产出产品的种植业消耗性生物资产的成本，如水稻等作物，也可以不结转到“消耗性生物资产——水稻”科目，而在收获时通过“农业生产成本——种植业生产成本（水稻）”科目直接结转到“农产品——水稻”。

（3）管理阶段的核算　小麦生产管理阶段的核算主要包括施肥、喷药、除草、灌溉等发生的机械作业以及消耗原材料、人员用工等业务的核算，和种植阶段的核算相同。

**【例3-13】**2019年初，将已发生冬小麦的“消耗性生物资产——小麦”科目结转到“种植业生产成本——小麦”科目。

借：种植业生产成本——小麦　　16 580

　　贷：消耗性生物资产——小麦　　16 580

**【例3-14】**2019年管理小麦发生喷药、除草等机械作业应分摊的累计折旧费用共计1 000元。

借：种植业生产成本——小麦——制造费用　　1 000

　　贷：种植业生产成本——共同费用——折旧费　　1 000

（4）收获阶段的核算　小麦收获阶段包括收获发生的机械作业、运输费、人员用工、晒场晾晒费、小麦产品入库等业务的核算。

**【例3-15】**2019年5月收获小麦共发生的机械作业费3 190元，小麦发生的运输费1 200元，以现金支付。

借：种植业生产成本——小麦——机械作业费　　3 190

　　　　　　　　——小麦——其他直接费（运输费）　　1 200

　　贷：库存现金　　4 390

**【例3-16】**根据工资分配表，应付收获小麦用工费4 600元。

借：种植业生产成本——小麦——直接人工　　4 600

　　贷：种植业生产成本——共同费用——人工费　　4 600

**【例3-17】**根据制造费用应分配摊销表，计算小麦晒场晾晒费共计540元。

借：种植业生产成本——小麦——制造费用　　540

　　贷：种植业生产成本——共同费用——晾晒费　　540

**【例3-18】**小麦经验收合格入库，结转小麦生产成本。

借：农产品——小麦　　27 110

　　贷：种植业生产成本——小麦　　27 110

（5）出售阶段的核算　小麦出售阶段的核算包括出售小麦产品取得收入及结转成本、发生的运输费、人员用工消耗等，按实际支付的现金和工资表分配应付工资性全部金额计算。

**【例3-19】**2019年9月将所产小麦全部出售，实际收到销售款77 890元，存入银行。

借：银行存款　　77 890

　　贷：主营业务收入——小麦　　77 890

同时，按小麦产品入库账面价值结转小麦成本。

借：主营业务成本——小麦　　27 110

　　贷：农产品——小麦　　27 110

**【例3-20】**2019年9月因出售小麦产品发生的用工费1 300元，以现金880元支付运输费。

借：销售费用　　2 180

　　贷：库存现金　　880

　　　　应付职工薪酬　　1 300

注意：如果农产品收获后留作自用，应当视同销售处理，借记“原材料”，按市场价格贷记“主营业务收入”，同时结转成本。

**【例3-21】**农场将自产的玉米20 000千克入库以备加工饲料，市价每千克1元，该玉米生产成本为每千克0.8元。

借：原材料——玉米　　20 000

　　贷：主营业务收入　　20 000

结转成本，

借：主营业务成本　　16 000

　　贷：种植业生产成本——玉米　　16 000

### 2. 露天栽培蔬菜生产成本核算

**【例3-22】**某蔬菜基地种植面积为500亩，其中西兰花种植250亩、甘蓝种植200亩，空地面积50亩，西兰花、甘蓝的在地天数1个月（30天），空地的天数1个月，本月蔬菜基地的共同支出为30 000元。

（1）费用支出时

借：种植业生产成本——蔬菜——共同费用　　　　30 000

　　贷：银行存款　　　　30 000

（2）共同费用进行分配

每亩每天分摊的共同费用＝30 000/（250×30+200×30+50×30）＝2（元）

本月西兰花应分摊的共同费用＝2×30×250＝15 000（元）

甘蓝应分摊的共同费用＝2×30×200＝12 000（元）

空地应分摊的共同费用＝2×30×50＝3 000（元）

（3）如空地未种植是天气干旱的原因，会计分录为

借：种植业生产成本——蔬菜——西兰花　　　　15 000

　　种植业生产成本——蔬菜——甘蓝　　　　12 000

　　营业外支出　　　　3 000

　　贷：种植业生产成本——蔬菜——共同费用　　　　30 000

（4）如空地是下次种植某种蔬菜必要的时间准备，会计分录为

借：种植业生产成本——蔬菜——西兰花　　　　15 000

　　种植业生产成本——蔬菜——甘蓝　　　　12 000

　　种植业生产成本——蔬菜——**蔬菜　　　　3 000

　　贷：种植业生产成本——蔬菜——共同费用　　　　30 000

**【例3-23】**某农场将豆角、茄子、黄瓜三种作物合并为一个成本计算对象，成本明细账上归集的生产费用总额为64 000元。豆角产量20 000千克，每千克平均售价2.5元；茄子产量20 000千克，每千克平均售价1.5元；黄瓜产量50 000千克，每千克平均售价1.4元。要求以蔬菜的销售额为标准分配成本费用。具体见表3-2。

**表3-2　蔬菜生产成本计算表**

2019年×月×日

| 产品 | 产量/千克 | 单位售价/（元/千克） | 销售额/元 | 分配率 | 总成本/元 | 单位成本/（元/千克） |
|---|---|---|---|---|---|---|
| 栏次 | ① | ② | ③＝①×② | ④ | ⑤ | ⑥＝⑤÷① |
| 豆角 | 20 000 | 2.5 | 50 000 | 33% | 21 120 | 1.06 |
| 茄子 | 20 000 | 1.5 | 30 000 | 20% | 12 800 | 0.64 |
| 黄瓜 | 50 000 | 1.4 | 70 000 | 47% | 30 080 | 0.60 |
| 合计 | 90 000 | — | 150 000 | — | 64 000 | — |

### 3. 保护地栽培蔬菜生产成本核算

【例3-24】农场利用温床培育丝瓜、番茄两种秧苗，温床费用为3 200元，其中丝瓜占用温床40格，生长期30天；番茄占用10格，生长期40天。秧苗育成移到温室栽培后，发生温室费用15 200元，其中丝瓜占用温室1 000平方米，生长期70天；番茄占用温室1 500平方米，生长期80天。两种蔬菜发生的直接生产费用为3 000元，其中丝瓜1 360元、番茄1 640元。应负担的间接费用共4 500元，采用直接费用比例法分配。丝瓜和番茄两种蔬菜的产量分别为38 000千克和29 000千克。

（1）共同费用发生时财务处理如下

借：种植业生产成本——蔬菜——共同费用——温床　　3 200

——蔬菜——共同费用——温室　　15 200

——蔬菜——共同费用　　4 500

贷：银行存款　　22 900

（2）共同费用分配如下

丝瓜应分配的温床费用＝3 200/(40×30+10×40)×40×30＝2 400(元)

丝瓜应分配的温室费用＝15 200/（1 000×70+1 500×80）×1 000×70＝5 600（元）

丝瓜应分配的间接费用＝4 500/3 000×1 360＝2 040（元）

番茄应分配的温床费用＝3 200/（40×30+10×40）×10×40＝800（元）

番茄应分配的温室费用＝15 200/（1 000×70+1 500×80）×1 500×80＝9 600（元）

番茄应分配的间接费用＝4 500/3 000×1 640＝2 460（元）

共同费用分配账务处理如下。

借：种植业生产成本——蔬菜——丝瓜　　10 040

——蔬菜——番茄　　12 860

贷：种植业生产成本——蔬菜——共同费用——温床　　3 200

——蔬菜——共同费用——温室　　15 200

——蔬菜——共同费用　　4 500

根据以上资料，编制“蔬菜生产成本计算表”，见表3-3。

表3-3　蔬菜生产成本计算表

2019年×月×日

| 产品 | 产量/千克 | 直接费用/元 | 温床费用/元 | 温室费用/元 | 间接费用/元 | 生产总成本/元 | 单位成本/（元/千克） |
|---|---|---|---|---|---|---|---|
| 丝瓜 | 38 000 | 1 360 | 2 400 | 5 600 | 2 040 | 11 400 | 0.30 |
| 番茄 | 29 000 | 1 640 | 800 | 9 600 | 2 460 | 14 500 | 0.50 |
| 合计 | — | 3 000 | 3 200 | 15 200 | 4 500 | 25 900 | — |

# 第三节　生产性生物资产农作物成本核算

## 一、生产性生物资产的农作物成本归集和分配

属于生产性生物资产的农作物也就是多次收获的多年生作物。这类作物在达到预定的生产经营目的、能够稳定连续产生农产品之前所发生的成本应通过“种植业生产成本”进行归集，期末转入“生产性生物资产——未成熟生产性生物资产”二级科目，并按照成本计算对象设置明细账户，在明细账户中还应按规定的成本项目设置专栏（注：实际工作中有直接在“生产性生物资产——未成熟生产性生物资产”中进行成本归集的）。

当这类作物达到预定的生产经营目的、能够稳定连续产生农产品时，其成本从“生产性生物资产——未成熟生产性生物资产”科目的贷方转入“生产性生物资产——成熟生产性生物资产”科目的借方。生产性生物资产会多次收获农产品，在较长时期内反复使用，因此成熟的生产性生物资产类似于固定资产，在存续期内需要计提折旧。每年计提的折旧借记“农业生产成本”科目，贷记“生产性生物资产累计折旧”科目。

在成熟生产性生物资产连续产生农产品期间，为了该农作物生存生产而发生的生产费用，借记“农业生产成本——**农产品”科目，贷记“原材料”“应付职工薪酬”“库存现金”“银行存款”等科目。

在农产品收获过程中发生的费用，借记“农业生产成本——**农产品”科目，贷记“应付职工薪酬”“银行存款”等科目。

属于生产性生物资产的农作物每次收获的农产品实际成本从“农业生产成本”科目的贷方转入“农产品”科目的借方。

## 二、生产性生物资产的农产品成本计算

多次收获的多年生作物，未提供农产品前累计发生的费用，作为“生产性生物资产”处理，投产后按一定方法计提折旧，计入投产后各年产出农产品的成本。

多次收获的多年生作物主产品单位成本＝（往年费用本年摊销额+本年全部费用－副产品价值）/本年收获的主产品总产量

多次收获的多年生作物如甘蔗、胡椒、剑麻等，在未提供产品以前的累计费用，按规定比例摊入投产后各年产出产品的成本。本年产出产品的成本包括往年费用的本年摊销额和本年度发生的全部费用。

## 三、生产性生物资产农作物账务处理实例

【例3-25】某企业种植苹果树，第一年发生苹果苗成本5 000元，化肥、农药成本1 600元，人工成本54 000元，用银行存款支付灌溉等费用800元；第二年发生化肥、农药成本1 600元，人工成本48 000元，用银行存款支付灌溉等费用600元；第三年发生化肥、农药成本1 800元，人工成本48 000元，用银行存款支付灌溉等费用600元；第四年发生化肥、农药成本1 800元，人工成本48 000元，用银行存款支付灌溉等费用600元；第五年苹果树成熟，开始结果，预计可以结果30年，预计净残值为900元，采用直线法折旧；第五年发生化肥、农药成本2 600元，人工成本72 000元，用银行存款支付灌溉等费用1 000元。第五年结苹果8 000千克。

（1）第一年

借：种植业生产成本——苹果——直接材料　　6 600
　　　　　　　　　　　　　——直接人工　　54 000
　　　　　　　　　　　　　——其他直接费　　800
　　贷：原材料——树苗　　5 000
　　　　　　　——化肥农药　　1 600
　　　　应付职工薪酬　　54 000

银行存款　800

（2）第二年

借：种植业生产成本——苹果——直接材料　1 600
——直接人工　48 000
——其他直接费　600
贷：原材料——化肥农药　1 600
应付职工薪酬　48 000
银行存款　600

（3）第三年

借：种植业生产成本——苹果——直接材料　1 800
——直接人工　48 000
——其他直接费　600
贷：原材料——化肥农药　1 800
应付职工薪酬　48 000
银行存款　600

（4）第四年

同第三年。

（5）第五年

① 苹果树成熟，结转前四年成本

借：生产性生物资产——未成熟生产性生物资产　212 400
贷：种植业生产成本——苹果　212 400

借：生产性生物资产——成熟生产性生物资产　212 400
贷：生产性生物资产——未成熟生产性生物资产　212 400

② 计提苹果树折旧

$$苹果树年折旧额=\frac{212\,400-900}{30}=7\,050（元）$$

借：农业生产成本——苹果　7 050
贷：生产性生物资产累计折旧　7 050

借：农业生产成本——苹果——直接材料　2 600
——直接人工　72 000
——其他直接费　1 000
贷：原材料——化肥农药　2 600

应付职工薪酬　　72 000

银行存款　　1 000

③ 苹果入库

借：农产品——苹果　　82 650

贷：农业生产成本——苹果　　82 650

④ 计算苹果单位成本

$$每千克苹果成本=\frac{7050+75\ 600}{8\ 000}=10.33（元）$$

【例3-26】东景农场2013年种植胡椒200亩，收获前发生的耕地、种植、管理等费用为40 000元，投产后预计可以生产胡椒200 000千克。投产后第一年生产费用为60 000元，生产胡椒20 000千克。计算第一年胡椒每千克单位成本和每亩单位成本。

$$投产后第一年生产成本总额=\frac{40\ 000}{200\ 000}\times 20\ 000+60\ 000=64\ 000（元）$$

$$每千克胡椒单位成本=\frac{64\ 000}{20\ 000}=3.2（元）$$

$$每亩胡椒单位成本=\frac{64\ 000}{200}=320（元）$$

## 实训案例

1. 某种植企业种植玉米和大豆，2019年共发生如下和成本有关的经济业务。要求编制会计分录并登记“农业生产成本——种植业生产成本——玉米”明细账（见表3-4）。

（1）签发转账支票支付为种玉米发生的耕耙地的机械作业费共5 600元。

（2）根据“材料费用分配表”，本期为种植玉米共消耗种子、种苗、肥料、地膜、农药的实际成本为48 000元，机修车间消耗维修零部件2 600元。

（3）签发转账支票支付为种植玉米和大豆共同发生的播种机的机械作业费9 800元。

（4）编制“工资费用分配表”，其中种植玉米的播种人员工资32 000元、生产队管理人员工资12 500元、企业管理人员工资68 000元、机修车间人员工资26 000元。

（5）管理玉米和大豆共同发生喷药、除草等机械作业费8 600元，银行存款支付。

（6）管理玉米消耗农药的实际成本为32 000元，机修车间耗用材料7 200元。

（7）签发转账支票支付为管理玉米发生的灌溉用水等费用36 000元。

（8）编制“工资费用分配表”，根据管理玉米用工应付职工薪酬55 000元、生产队管理人员工资12 500元、企业管理人员工资68 000元、机修车间人员工资26 000元。

（9）收获玉米和大豆发生的收割机等机械作业费9 200元，银行存款支付。

（10）签发转账支票支付为收获玉米发生的运输费3 500元。

（11）编制“工资费用分配表”，根据收获玉米发生人员用工消耗计算应付职工薪酬25 000元、生产队管理人员工资12 500元、企业管理人员工资68 000元、机修车间人员工资26 000元。

（12）计提玉米晒厂固定资产折旧费6 200元，农机具折旧费2 100元，用现金支付晒场晾晒费860元。

（13）按照修理工时分配辅助生产费用，其中晒场维修费3 200元、农机具修理费2 200元。

（14）按照机器工时分配机械作业费，其中玉米5200元、大豆4 200元。

（15）以玉米和大豆生产工人工资为分配标准，分配生产队的间接费，其中玉米5 800元、大豆4 600元。

（16）玉米产品入库，结转玉米生产成本248 100元。

（17）结转出售玉米的实际成本54 000元。

**表3-4　种植业生产成本明细账**

农产品：玉米　　　　　　　　　　　　　　　　　　　　年　　月

| 2019年 | | 凭证 | 摘要 | 直接材料 | 直接人工 | 机械作业费 | 其他直接费 | 制造费用 | 合计 |
|---|---|---|---|---|---|---|---|---|---|
| 月 | 日 | | | | | | | | |
| | | | | | | | | | |
| | | | | | | | | | |
| | | | | | | | | | |
| | | | | | | | | | |

2. 西郊农场2019年种植小麦100亩，收获小麦50 000千克，收获麦秸400千克，每千克售价0.5元。实际耗用直接材料10 000元，直接人工7 000元，机械作业费7 000元，其他直接费用6 000元，制造费用5 000元。根据上述资料计算小麦每千克的单位成本和每亩的单位成本。

微信扫码
解密答案

# 第四章 畜牧养殖业生产成本的核算

## 第一节 畜牧养殖业成本核算概述

畜牧养殖业生产是指对猪、牛、羊、鸡、鸭、鹅等畜禽产品的生产。

畜牧养殖业的生产费用按其经济用途可以划分为直接材料、直接人工、其他直接费和制造费用，其生产费用归集与分配的方法以及畜牧业生产成本明细账的格式等和种植业产品的核算类似。

确定畜牧业成本核算的对象，必须先考虑其成本核算的方法。畜（禽）饲养可实行分群饲养，也可实行混群饲养。相应地，成本核算采用分群核算制和混群核算制。分群核算是将各种不同畜禽按其畜龄不同分为若干群别，分群饲养管理，以不同群别的畜禽作为成本核算对象，按群别设置畜牧业生产成本明细账，归集生产费用，采用分步法计算生产成本。它适用于生产规模较大、饲养管理要求较高的专业畜牧生产企业。分群核算有利于加强管理，提高畜禽成活率，降低生产成本。混群核算是直接以各种畜禽作为成本核算对象，畜牧业生产成本明细账按畜禽各类设置，采用品种法计算各种产品的生产成本。

按照财会〔2004〕5号《农业企业会计核算办法》的规定，有条件的企业原则上都要实行分群饲养，分群核算成本。

畜牧养殖业的成本核算对象是畜（禽）群及其产品。主要畜（禽）产品有牛奶、羊毛、肉类、禽蛋、蚕茧等。

实行分群饲养的主要畜（禽）群别划分如下：

（1）养猪业　基本猪群（包括母猪、种公猪、检定母猪、2个月以内的未断奶仔猪）；2～4个月幼猪群；4个月以上幼猪和育肥猪群。

（2）养牛业　基本牛群（包括母牛和公牛）；6个月以内的犊牛群；6个月以上的幼牛群。

（3）养马业　基本马群（包括母马、种公马、未断奶的马驹）；当年生幼马；二年生幼马；三年生幼马。

（4）养羊业　基本羊群（包括母羊、种公羊、未断奶的羔羊）；当年生幼羊；往年生幼羊；去势羊和非种用公羊。

（5）养禽业　基本禽群（包括成龄禽）；幼禽和育肥禽；人工孵化群。

以下就几个主要的畜牧养殖种类进行成本核算的介绍。

# 第二节　养猪业生产成本的核算

养猪企业按规模分为大型养猪企业、中型养猪企业、小型养猪企业及散户养殖类型，以上四种类型里又都包含自繁自养型、仔猪育肥型和繁育仔猪型三种类型。

## 一、养猪业成本核算对象

通常养猪业的生物资产主要包括母猪、公猪、仔猪、幼猪、育肥猪等，进行分群饲养。

①“基本猪群”，包括产母猪、种公猪、检定母猪，未满2个月的仔猪（简为“仔猪”）（实际饲养中也有仔猪1个月断奶的）。

②“幼猪群”，指出生后2个月断奶到4个月的幼猪群（实际饲养中也有1～2个月畜龄的）。

③“育肥猪群”，包括4个月（实际有2个月的）以上的育肥猪、后备猪和被淘汰的基本猪等。

划分养猪业的群别，要根据生产管理的需要，也可以按生产周期、批次划分。

养猪业生产成本核算的对象主要指承担发生各项生产成本的仔猪、幼猪和育肥猪等。

## 二、科目设置

核算养猪业产品成本，要在“农业生产成本”下设“畜牧业（养猪业）”二级科目，本科目核算养猪企业进行养猪生产发生的各项生产成本，分别按养猪业确定成本核算对象和成本项目，进行费用的归集和分配。为了方便使用“养猪业生产成本”科目，可按猪群设置明细科目，分别为“养猪业生产成本——基本猪群”“养猪业生产成本——幼猪群”“养猪业生产成本——育肥猪群”，对于不能明确分群核算的费用设置“养猪业生产成本——共同费用”。

## 三、养猪业生产成本分群核算

生猪资产的生长具有一定的周期性，其生长过程是非常复杂和微妙的。考虑到企业持有生猪资产的目的和生猪资产计量的特殊性，结合生物资产会计计量阶段过程，以下从生猪发育的几个阶段入手对其成本核算进行介绍。

### 1. 养猪饲养准备阶段的核算

包括发生购买饲料、防疫药品、产母猪和种公猪、检定母猪及幼猪或育肥猪，猪舍的建造、维护及卫生等业务的核算。

【例4-1】天宝养殖公司2018年2月1日以银行存款支付购入饲料款，包括饲料的购买价款、相关税费、运输费、装卸费、保险费以及其他可归属于饲料采购成本的费用，共计10 000元。饲料已验收入库。

借：原材料——饲料　　10 000

　　贷：银行存款　　10 000

【例4-2】天宝养殖公司2018年2月3日以现金支付兽药和防疫品费600元。

借：原材料——药品　　600

　　贷：库存现金　　600

【例4-3】天宝养殖公司2018年2月5日购入幼猪100头，单价每头200元；购入育肥猪50头，单价每头400元，另支付相关税费、运输费、保险费2 000元。全部以银行存款支付。

借：消耗性生物资产——幼猪　　20 000

　　　　　　　　　——育肥猪　　20 000

　　养猪业生产成本——共同费用　　2 000

　　贷：银行存款　　42 000

【例4-4】天宝养殖公司2018年3月15日购入产母猪10头和种公猪3头，单价分别为600元和1 000元，另相关税费、运输费、保险费等3 000元。货款未付。

借：生产性生物资产——成熟生产性生物资产　9 000
　　养猪业生产成本——共同费用　3 000
　　贷：应付账款　12 000

2. 幼猪和育肥猪群饲养的核算

幼猪和育肥猪群饲养包括直接使用的人工、直接消耗的饲料和直接消耗的药品等业务的核算，以及猪舍的折旧费和水、电、气等开支。发生支出时在“养猪业生产成本——幼猪群（或育肥猪群）”核算，出售前按“养猪业生产成本——幼猪群（或育肥猪群）”账户金额转入“消耗性生物资产——幼猪（或育肥猪）”。

【例4-5】天宝养殖公司2018年2月饲养幼猪共发生直接人工费3 000元，饲料6 000元，药品400元，猪舍折旧500元。

借：养猪业生产成本——幼猪群　9 900
　　贷：应付职工薪酬　3 000
　　　　原材料——饲料　6 000
　　　　　　　——药品　400
　　累计折旧　500

【例4-6】天宝养殖公司2018年2月共发生水电费3 000元，银行存款支付。

借：养猪业生产成本——共同费用　3 000
　　贷：银行存款　3 000

【例4-7】上例中应由幼猪群负担的水电费为500元。

借：养猪业生产成本——幼猪群　500
　　贷：养猪业生产成本——共同费用　500

3. 猪的转群的核算

猪的转群指猪群达到预定生产经营目的，进入又一正常生产期，包括仔猪群成本的结转、仔猪群转为幼猪群、幼猪群转为育肥猪群、育肥猪群转为基本猪群、淘汰的基本猪群转为育肥猪群的核算等。转群应按账面价值计算，已计提减值准备或累计折旧的，应该同时结转。

【例4-8】天宝养殖公司2018年4月1日100头幼猪转为育肥猪，累计发生的饲养成本为50 000元。

借：消耗性生物资产——幼猪　　50 000

　　贷：养猪业生产成本——幼猪群　　50 000

先结转“幼猪群”的全部成本，包括“幼猪群”转前发生的通过“养猪业生产成本——幼猪群”科目核算的饲料费、人工费和应分摊的间接费用等必要支出。

借：消耗性生物资产——育肥猪　　50 000

　　贷：消耗性生物资产——幼猪　　50 000

然后进行转群。

也可以直接为，

借：消耗性生物资产——育肥猪　　50 000

　　贷：养猪业生产成本——幼猪群　　50 000

【例4-9】天宝养殖公司在2018年5月1日将50头育肥猪转为基本猪群，累计成本共30 000元。

借：消耗性生物资产——育肥猪　　30 000

　　贷：养猪业生产成本——育肥猪群　　30 000

借：生产性生物资产——成熟生产性生物资产　　30 000

　　贷：消耗性生物资产——育肥猪　　30 000

【例4-10】天宝养殖公司2018年8月将淘汰的两头产母猪（基本猪群）转为育肥猪，其账面原值1 200元，已提折旧400元。

借：消耗性生物资产——育肥猪　　800

　　生产性生物资产累计折旧　　400

　　贷：生产性生物资产——成熟生产性生物资产　　1 200

【例4-11】天宝养殖公司在2018年10月将一批仔猪断奶，从基本猪群转出单独饲养，应由该批仔猪负担的饲养成本为10 000元。

借：消耗性生物资产——幼猪　　10 000

　　贷：养猪业生产成本——基本猪群（未满2个月的仔猪）　　10 000

4. 基本猪群饲养费用的核算

包括产母猪和种公猪、检定母猪在内的全部饲养费用，由“未满2个月的仔猪”承担，不再构成基本猪群内产母猪、种公猪或检定母猪的自身价值。

【例4-12】天宝养殖公司2018年9月份基本猪群的饲养费用如下：饲料费15 000元，药品1 500元，直接人工8 000元，应分摊的猪舍折旧费600元。按实际消耗数额结转。

借：养猪业生产成本——基本猪群（未满2个月的仔猪群）25 100
　　贷：应付职工薪酬　8 000
　　　　原材料——饲料　15 000
　　　　　　　——药品　1 500
　　　　养猪业生产成本——共同费用　600

5. 猪（生物资产）及其产品猪肉出售的核算

包括育肥猪屠宰收获的猪肉产品出售的核算，育肥猪群、幼猪群、淘汰产母猪（基本猪群）出售的核算。幼猪和育肥猪群出售前在账上作为消耗性生物资产，淘汰产母猪（基本猪群）出售前在账上作为生产性生物资产，这两种出售交易可视同“销售”对待。

【例4-13】天宝养殖公司2018年12月份一批育肥猪达到屠宰标准，其账面价值25 000元，猪肉产成品入库，支付屠宰费1 000元。

借：消耗性生物资产——育肥猪　25 000
　　贷：养猪业生产成本——育肥猪群　25 000
借：农产品——猪肉　26 000
　　贷：消耗性生物资产——育肥猪　25 000
　　　　银行存款　1 000

【例4-14】天宝养殖公司2018年12月份出售一批育肥猪，实际售价40 000元，成本32 000元。款项已存入银行。

借：银行存款　40 000
　　贷：主营业务收入——育肥猪　40 000

同时，育肥猪账面价值结转成本。

借：主营业务成本——育肥猪　32 000
　　贷：消耗性生物资产——育肥猪　32 000

【例4-15】接【例4-13】猪肉全部出售，收到现金实际金额34 000元。现金已存入银行。

借：库存现金　34 000

贷：主营业务收入——猪肉　　34 000

借：主营业务成本——猪肉　　26 000

贷：农产品——猪肉　　26 000

借：银行存款　　34 000

贷：库存现金　　34 000

【例4-16】天宝养殖公司2018年12月份淘汰3头产母猪，直接出售，收到价款1 500元。其账面原值3 000元，已提减值准备300元，累计折旧1 000元。

借：银行存款　　1 500

贷：主营业务收入——产母猪　　1 500

借：主营业务成本——产母猪　　1 700

生产性生物资产累计折旧　　1 000

生产性生物资产减值准备　　300

贷：生产性生物资产——成熟生产性生物资产　　3 000

## 四、养猪业主要产品成本的计算

### 1. 需计算的成本指标

实行分群核算，成本指标的计算包括以下项目。

（1）增重成本指标　增重成本是反映猪场经济效益的一个重要指标。由于基本猪群的主要产品是母猪繁殖的仔猪，而幼猪、育肥猪的主要产品是增重，因此，应分别计算：

① 仔猪增重成本

$$仔猪增重单位成本=\frac{基本猪群饲养费用合计-副产品价值}{仔猪增重}$$

仔猪增重＝期末活重+本期离群活重+本期死亡重−期初活重−本期出生重

考核仔猪经济效益的另一个指标是：

$$仔猪繁殖与增重单位成本=\frac{基本猪群饲养费用合计-副产品价值}{仔猪出生活重+仔猪增重}$$

② 幼猪、育肥猪增重成本

$$某猪群增重单位成本=\frac{该猪群饲养费用合计-副产品价值}{该猪群增重}$$

该猪群增重＝期末活重＋本期离群活重＋本期死亡重－期初活重－本期购入、转入重

2～4个月幼猪、4个月以上育肥猪的主产品是其本身的增重，副产品是厩肥、猪鬃及死猪的残值。将幼猪或育肥猪本期发生的饲养费用扣除副产品价值后的余额，即为幼猪或育肥猪增重总成本。

（2）活重成本指标

① 离乳幼猪活重成本　基本猪群一般包括母猪、种公猪和未满两个月的未断奶仔猪，其主产品为母猪繁殖的已满两个月的断奶仔猪，副产品为厩肥和猪鬃等。对副产品的价值可按市价计算，并从本期饲料费用中扣除，其余额即为离奶幼猪活重总成本，离奶幼猪活重总成本除以离奶幼猪活重即为单位成本。

离奶幼猪活重单位成本＝（该群累计饲养费用－副产品价值）÷离奶幼猪活重

② 幼猪、育肥猪活重成本　幼猪、育肥猪增重总成本加上各该猪群期初成本以及繁殖、购入、转入的幼猪成本，即为该猪群的活重总成本。将总成本在各该猪群的期末结存和期内离群的活重之间分配后，即得出各群活重单位成本。

$$某猪群活重单位成本=\frac{该猪群活重总成本}{该猪群活重总量}$$

某猪群活重总成本＝该猪群饲养费用合计＋期初活重总成本＋购入转入总成本－副产品价值

某猪群活重总量＝该猪群期末存栏活重＋本期离群活重（不包括死猪活重）

某群转出总成本＝该群本期离群活重×该群活重单位成本

某群期末存栏总成本＝该群期末存栏活重×该群活重单位成本

（3）饲养日成本指标　饲养日成本是指一头猪饲养一日所花销的费用，它是考核评价猪场饲养费用水平的一个重要指标。

$$某猪群饲养日成本=\frac{该猪群饲养费用合计}{该猪群饲养头日数}$$

饲养头日数是指累计的日饲养头数。一头猪饲养一天为一个头日数。要计算某猪群饲养头日数，将该猪群每天存栏数相加即可。

2. 成本计算实例

下面以两个具体的例子来说明某猪群离奶幼畜活重单位成本及某畜群增重的成本计算。

【例4-17】大丰养殖场本期"养猪业生产成本——基本猪群"明细账有关资料如下：本期饲养费用为42 630元，假定包括饲料费用30 000元、人员工资12 630元，副产品价值280元；期初结存未断奶仔猪50头，活重350千克，成本1 890元；本期繁殖仔猪600头，出生活重及增重8 400千克；本期转群两个月仔猪500头，活重7 700千克，死亡两个月内仔猪20头，活重100千克；期末结存未断奶仔猪130头，活重950千克。根据上述资料计算成本如下：

离奶幼畜（仔猪）活重单位成本＝（42 630−280）÷ 7 700＝5.5（元/千克）

（1）发生饲养费用时

借：养猪业生产成本——基本猪群（未满2个月的仔猪） 42 630

　　贷：原材料——饲料 30 000

　　　　应付职工薪酬 12 630

（2）如果畜群副产品（厩肥）供本农场农作物使用，结转其价值

借：种植业生产成本——× × 作物 280

　　贷：养猪业生产成本——基本猪群（未满2个月的仔猪） 280

（3）如果副产品直接对外出售

借：库存现金（银行存款） 280

　　贷：养猪业生产成本——基本猪群（未满2个月的仔猪） 280

（4）离奶仔猪转群时（假设企业用于将来出售）

借：消耗性生物资产——幼猪 42 350

　　贷：养猪业生产成本——基本猪群（未满2个月的仔猪） 42 350

【例4-18】大丰养殖场采用分群核算制，本期"消耗性生物资产——幼猪"明细账有关资料如下：本期饲养费117 680元，其中，饲料费106 280元、饲养人员工资11 400元、副产品价值1 100元；期初结存20头，活重1 000千克，成本4 500元；本期转入仔猪500头，活重7 700千克，成本42 350元；购入幼猪50头，活重700千克，成本3 780元；本期转出540头，转为"4个月以上幼猪及育肥猪"，活重35 100千克；死亡2头，活重90千克；期末结存28头，活重1 300千克。

（1）根据上述资料计算幼猪成本如下

幼猪增重=（1 300＋35 100+90）−（1 000＋700＋7 700）=27 090（千克）

幼猪增重单位成本=（117 680 − 1 100）÷27 090=4.30（元/千克）

幼猪活重单位成本=（4 500＋42 350＋3 780＋117 680 − 1 100）÷（1 300＋35 100）=4.59（元/千克）

幼猪群期末存栏总成本=1 300×4.59=5 967（元）

幼猪群转出总成本=35 100×4.59=161 109（元）

实际工作中为了消除误差采用倒挤法

（4 500＋42 350＋3 780＋117 680 − 1 100）−5 967=161 243（元）

（2）相关的账务处理为

借：养猪业生产成本——幼猪群　　117 680

　　贷：原材料——饲料　　106 280

　　　　应付职工薪酬　　11 400

（3）如果畜群副产品（厩肥）供本农场农作物使用，结转其价值

借：种植业生产成本——××作物　　1 100

　　贷：养猪业生产成本——幼猪群　　1 100

（4）如果副产品直接对外出售

借：库存现金（银行存款）　　1 100

　　贷：养猪业生产成本——幼猪群　　1 100

（5）幼猪转为育肥猪时

借：消耗性生物资产——幼猪　　161 243

　　贷：养猪业生产成本——幼猪群　　161 243

借：消耗性生物资产——育肥猪　　161 243

　　贷：消耗性生物资产——幼猪　　161 243

# 第三节　养牛业生产成本的核算

## 一、养牛业成本核算对象

通常养牛业的生物资产主要包括奶牛和肉牛，还有使役牛、其他特殊牛等。这里主要以奶牛和肉牛为例进行介绍。

为便于分群管理和核算，把养牛业划分为：

（1）“基本牛群” 包括产母牛和种公牛；

（2）“犊牛群” 指出生后到6个月未断奶的牛群；

（3）“幼牛群” 指6个月以上断奶的牛群，包括育肥牛、淘汰产奶牛等。

划分养牛业的群别，要根据生产管理的需要，也可以按生产周期、批次划分。

养牛业生物资产核算的对象主要指牛的种类（奶牛和肉牛）和群别，具体对象主要指承担发生各项生产成本的牛奶、犊牛、幼牛等。

## 二、科目设置

核算养牛业产品成本，要在“农业生产成本”下设“畜牧业（养牛业）”二级科目，本科目核算养牛企业进行养牛生产发生的各项生产成本，按照确定的成本核算对象和成本项目进行费用的归集和分配。以下为了方便，使用“养牛业生产成本”科目。可按牛群设置明细科目，分别为“养牛业生产成本——基本牛群”“养牛业生产成本——犊牛群”“养牛业生产成本——幼牛群”，对于不能明确分群核算的费用设置“养牛业生产成本——共同费用”。

## 三、养牛业生产成本分群核算

以下以养奶牛为例，介绍按生产流程发生的正常典型业务的账务处理。

奶牛的饲养准备阶段核算与犊牛和幼牛饲养的核算，以上两阶段核算同养猪业准备阶段和幼猪及育肥猪饲养阶段的核算类似，这里不再赘述。

### 1. 牛的转群的核算

牛的转群的核算是指牛群达到预定生产经营目的，进入又一正常生产期，包括犊牛群转为幼牛群、幼牛群转为基本牛群、淘汰的基本牛群转为育肥牛（幼牛群）的核算。

（1）犊牛群转为幼牛群

**【例4-19】**天宝养殖公司2019年2月1日将50头犊牛转为幼牛，累计发生的饲养成本为75 000元。

借：消耗性生物资产——犊牛　　75 000

　　贷：养牛业生产成本——犊牛群　　75 000

借：消耗性生物资产——幼牛　　75 000

贷：消耗性生物资产——犊牛　　75 000

也可以直接，

借：消耗性生物资产——幼牛　　75 000

贷：养牛业生产成本——犊牛群　　75 000

（2）幼牛群转为基本牛群

【例4-20】天宝养殖公司2019年5月1日将50头已成年幼牛转为基本牛群，累计成本共150 000元。

借：消耗性生物资产——幼牛　　150 000

贷：养牛业生产成本——幼牛群　　150 000

借：生产性生物资产——成熟生产性生物资产（奶牛）　　150 000

贷：消耗性生物资产——幼牛　　150 000

（3）基本牛群转为育肥牛（幼牛群）

【例4-21】天宝养殖公司2019年8月将淘汰的两头奶牛转为育肥牛，其账面原值60 000元，已提折旧35 000元。

借：消耗性生物资产——幼牛　　25 000

生产性生物资产累计折旧　　35 000

贷：生产性生物资产——成熟生产性生物资产（奶牛）　　60 000

2. 基本牛群饲养费用的核算

基本牛群的主产品是牛奶和繁殖的牛犊，副产品是厩肥和脱落的牛毛。因此基本牛群全部的饲养费用减去副产品价值，即为主产品成本，由牛奶和犊牛（联产品）共同承担，不再构成基本牛群自身的价值。主产品的成本需要在牛奶和牛犊之间进行分配，分配的方法一般采用牛奶价值法。牛奶价值法是将一头牛犊的价值折合为若干千克牛奶的价值。根据测算，母牛在生产牛犊前100天内消耗在牛犊发育上的饲料单位，相当于母牛正常生长状况下生产100千克牛奶消耗的饲料单位，所以通常将一头牛犊折合为100千克牛奶。牛奶产品成本，应通过“农业生产成本——牛奶”科目核算。

$$牛奶单位成本（元/千克）=\frac{基本牛群饲养费用-副产品价值}{牛奶总产量+初生牛犊头数\times100}$$

每头牛犊成本（元/头）＝100×每千克牛奶成本

牛奶总成本（元）＝牛奶总产量×每千克牛奶成本

牛犊总成本（元）＝初生牛犊头数×每头牛犊成本

**【例4-22】**天宝养殖公司2019年8月基本牛群饲养成本为500 000元，其中饲料及药品等原材料200 000元、养牛人员工资100 000元、应承担的牛舍折旧费30 000元、应分配的其他共同费用100 000元，另外，基本牛群计提的生产性生物资产累计折旧70 000元。

8月份基本牛群产生的厩肥价值2 000元，期内共生产牛奶400 000千克、产牛犊50头。

（1）发生成本时的账务处理

借：养牛业生产成本——基本牛群　　500 000

　贷：应付职工薪酬　　100 000

　　原材料　　200 000

　　累计折旧　　30 000

　　养牛业生产成本——共同费用　　100 000

　　生产性生物资产累计折旧　　70 000

（2）计算并结转牛奶和牛犊生产成本

牛奶单位成本＝（500 000－2 000）÷（400 000+50×100）＝1.23（元/千克）

每头牛犊成本＝100×1.23＝123（元/头）

牛奶总成本＝400 000×1.23＝492 000（元）

牛犊总成本＝123×50＝6 150（元）

结转牛奶生产成本，

借：农业生产成本——牛奶　　492 000

　贷：养牛业生产成本——基本牛群　　492 000

结转牛犊生产成本，

借：生产性生物资产——未成熟生产性生物资产（6个月内牛犊）6 150

　贷：养牛业生产成本——基本牛群　　6 150

（3）农作物使用厩肥或对外出售

借：种植业生产成本——××作物（或库存现金科目）　　2 000

　贷：养牛业生产成本——基本牛群　　2 000

犊牛群和幼牛群的主产品是增重、副产品是厩肥及死畜的皮毛等。计算这两个牛群的成本，要分别计算增重成本、活重成本和饲养日成本，其计算方法与幼猪和育肥猪基本相同。

【例4-23】牛奶成品入库，结转牛奶成本。

借：农产品——牛奶　　492 000

　　贷：农业生产成本——牛奶　　492 000

注意：对于公司自行繁殖的生物资产，主要是泌乳牛繁殖的公犊牛、母犊牛。公犊牛在60日内对外出售，所以在消耗性生物资产中核算；而母犊牛由于当时不能确定其用途，故也在消耗性生物资产中核算。公司自行繁殖的公犊牛、母犊牛，由于是生产牛奶的副产品，有些养殖企业不核算其出生价值，成本按零处理。

### 3. 牛（生物资产）和牛奶（产品）出售的核算

包括犊牛、幼牛出售，牛奶出售的核算和淘汰产母牛（基本牛群）出售的核算。幼牛出售前在账上作为消耗性生物资产，淘汰产母牛（基本牛群）出售前在账上作为生产性生物资产。

【例4-24】天宝养殖公司2019年12月出售幼牛100头，单价1 500元，单位成本1 100元。货款已收，存入银行。

借：银行存款　　150 000

　　贷：主营业务收入——幼牛（育肥牛）　　150 000

同时，按幼牛账面价值结转成本，

借：主营业务成本——幼牛（育肥牛）　　110 000

　　贷：消耗性生物资产——幼牛（育肥牛）　　110 000

【例4-25】天宝养殖公司2019年12月份出售牛奶400 000千克，单价3元，单位成本1.23元。货款尚未收到。

借：应收账款　　1 200 000

　　贷：主营业务收入——牛奶　　1 200 000

同时，按牛奶账面价值结转成本，

借：主营业务成本——牛奶　　492 000

　　贷：农产品——牛奶　　492 000

【例4-26】天宝养殖公司2019年12月淘汰产母牛（基本牛群）5头，直接对外出售，取得收入10 000元，账面原值17 000元，已提折旧6 000元，计提减值准备2 000元。

借：银行存款　　10 000

　　贷：主营业务收入——产母牛　　10 000

同时，按产母牛账面价值结转成本，

借：主营业务成本——产母牛　　9 000

　　生产性生物资产累计折旧　　6 000

　　生产性生物资产减值准备　　2 000

　　贷：生产性生物资产——产母牛　　17 000

除以上介绍的养猪业和养牛业外，还有养马业、养羊业、养禽业、水产业等，不同的养殖业分群不太一样，基本的成本核算原理是一致的，可以举一反三、灵活运用。

# 第四节　养禽业生产成本的核算

## 一、养禽业成本核算对象

养禽业包括养鸡、养鸭、养鹅等。一般实行分群饲养、分群核算成本。不具备分群饲养条件的也可混群饲养。

分群饲养是将各种不同禽按照其禽龄分为若干群别，以不同群别作为成本核算对象，汇集生产费用，一般采用分步法计算成本；混群饲养是直接以各种禽作为成本计算对象，采用品种法计算各种产品的成本。

具体来说，养禽业成本核算的对象是群及其产品，主要产品有禽肉、禽毛、禽蛋等。这里以分群饲养的养鸡业为例进行介绍。养禽业一般可分为以下群别：

（1）基本禽群（成龄群）　基本禽群（成龄群）主要指以生产种蛋为主要目的的种禽和以生产商品蛋为主要目的的成龄禽。基本禽群的主产品是禽蛋，副产品是羽毛和禽类等。

（2）幼群和育肥群　幼群和育肥群主要指将孵化出的禽苗饲养成一定重量的禽群。幼群和育肥群的主产品是增重，副产品是羽毛及禽粪等，以及育肥禽所产的禽蛋。

（3）人工孵化群　人工孵化生产过程是指从种蛋入孵至雏禽孵出一昼夜为

止。人工孵化群的主产品是一昼夜孵出成活的雏禽，副产品是废蛋。

## 二、养禽业生产成本分群和混群核算

### 1. 分群核算的成本计算

为了进行养禽业成本计算，应在“农业生产成本”账户下设置“基本禽群”“幼禽及育肥禽”“人工孵化”明细账。各明细账应分鸡、鸭、鹅等类核算。

（1）主产品成本

① 基本禽群主产品成本

$$\text{禽蛋总成本}=\text{基本禽群饲养费用}-\text{副产品价值}$$

$$\text{禽蛋单位成本}=\frac{\text{禽蛋总成本}}{\text{禽蛋总产量}}$$

② 幼禽及育肥禽主产品成本　由于幼禽及育肥禽数量大，增重称量比较麻烦，为了简化手续，一般只计算每只幼禽及育肥禽的成本或每只每日的成本。

$$\text{幼禽及育肥禽总成本}=\text{期初存栏价值}+\text{购入、转入价值}+\text{本期饲养费用}-\text{副产品价值}$$

$$\text{每只幼禽或育肥禽成本}=\frac{\text{幼禽或育肥禽总成本}}{\text{期末存栏只数}+\text{转群及出售只数}}$$

③ 人工孵化禽主产品成本

$$\text{雏禽总成本}=\text{本期孵化费用合计}-\text{副产品价值}$$

（2）饲养日成本

$$\text{某禽群饲养日成本}=\frac{\text{该禽群本期全部饲养费用（不扣副产品价值）}}{\text{该禽群本期饲养只日数}}$$

$$\text{饲养只日数}=\text{本期饲养该禽群禽只数}\times\text{本期饲养日数}$$

### 2. 混群核算的成本计算

混群核算方式下：“幼禽及育肥禽”的饲养费用和禽的价值合在“农业生产成本”账户核算。“农业生产成本”账户只按禽种类（鸡、鸭、鹅等）设置明细账户，其期初、期末余额反映某种禽存栏的内部计价价值。

禽的出生、死亡不在“农业生产成本”账户反映，只在“畜禽变动登记簿”中登记。

销售禽按实际成本计价，产禽淘汰转为育肥禽时，按折余价值计价。

销售的生产成本＝期初存栏价值＋购入、调入价值＋本期饲养费用－（调出价值＋期末存栏价值＋副产品价值）

内部种禽的调入、调出，按内部价格计价。

**【例4-27】**某养鸡企业采用混群饲养，期初结存成龄鸡、幼鸡等26 000元（内部价格计价），本期（幼鸡经过42天育成商品肉鸡）饲养费用总额为16 000元，期末存货价值18000元。其他有关业务如下。

（1）从外单位购入幼鸡700元。

借：农业生产成本——鸡　　700

　　贷：银行存款　　700

（2）处理禽粪，作价200元对外售出，收到现金。

借：库存现金　　200

　　贷：农业生产成本——鸡　　200

（3）淘汰种母鸡转为育肥鸡，原值2 400元，已提折旧2 000元。

借：农业生产成本——鸡　　400

　　生产性生物资产累计折旧　　2 000

　　贷：生产性生物资产——种鸡　　2 400

（4）本期育肥鸡对外销售，价款33 000元。

借：银行存款　　33 000

　　贷：主营业务收入　　33 000

本期育肥鸡总成本为：

26 000+700+400+16 000−18 000−200＝24 900元

借：主营业务成本　　24 900

　　贷：农业生产成本——鸡　　24 900

混群核算，优点是简化了成本核算工作，适用于规模小的养禽企业。但这种计算方法不能提供禽动态资料，不能提供饲养日成本、增重成本、活重成本，不利于考核企业成本水平，不利于成本管理的科学化、规模化。因此，企业应尽量实行分群管理、分群核算的管理体制，保证成本的真实性与有用性。

# 第五节　渔业生产成本的核算

## 一、渔业成本核算对象

渔业又称水产业，渔业生产指水生动、植物的养殖，可以分为淡水养殖和海水养殖。

渔业一般以水产品品种为成本核算对象。淡水养殖场一般计算鱼苗、鱼种和成鱼等主要产品成本。海水养殖场一般计算对虾、牡蛎、蛤、海带、紫菜、海水鱼等主要产品成本。

由于水产养殖专业性较强，养殖生产要经过育苗、繁殖、培育、投入放养等过程，其生产周期一般在1～2年或更长，培育周期较长，因此，水产养殖的成本计算期从购入幼苗或育苗开始，不入库的鲜活产品，计算到销售为止；入库的产品，则计算到入库为止。其成本计算期一般应与生产周期相一致。

## 二、渔业生产——淡水养殖和海水养殖成本核算

### 1. 淡水养殖成本核算

（1）鱼苗、鱼种、成鱼的生产成本核算　淡水养鱼的产品有鱼苗、鱼种和成鱼三种。由于养鱼业是多阶段生产，而且鱼苗、鱼种和成鱼都可以出售，所以养鱼的成本计算对象包括鱼苗、鱼种和成鱼。

① 鱼苗又叫鱼花，是孵化不久的幼鱼，一般体长6～9毫米。鱼苗可以人工繁殖，也可以从江河中捕捞。由于鱼苗的数量大、体形细小，一般采用估计或通过抽样清查方法推算总数，其结果只能做到大致准确，通常以万尾为成本计算单位。其成本计算公式如下：

每万尾鱼苗成本（元/万尾）＝育苗期的全部生产费用÷育成鱼苗万尾数

② 鱼种是将人工繁殖的鱼苗或捕捞的天然鱼苗投入池塘或天然水域继续养殖，培育成一定体长的幼鱼。鱼种根据出塘季节和培育时间的长短，有夏花（夏片）、冬花（冬片）、春花（春片）、仔口、老口等不同名称，体长一般在3～14厘米。鱼种既可以计算每万尾成本，也可以计算每千克成本。其成本计

算公式如下：

鱼种单位成本（元/万尾或千克）＝育种期的全部生产费用÷育成鱼种尾数或质量

③ 成鱼是指将鱼种养殖成可供食用的鱼，一般要经过1～2年或更长的时间。成鱼可以在天然湖泊生产，即放养鱼苗到天然湖泊，利用天然饲料养鱼；也可以在池塘生产，即放养鱼苗到池塘饲养，全部依靠人工采集和加工的饲料进行养鱼。成鱼生产有两种：一种是多年放养，一次捕捞；另一种是逐年放养，逐年捕捞。

多年放养、一次捕捞的成鱼成本，包括捕捞前各年作为在产品结转的费用和当年发生的费用。其成本计算公式如下：

$$成鱼单位成本=\frac{捕捞前各年发生的生产费用+本年生产费用}{成鱼总产量}$$

逐年放养、逐年捕捞的成鱼成本，只包括当年发生的费用。其成本计算公式如下：

成鱼单位成本＝本年成鱼放养的全部费用÷本年成鱼产量

在同一水域内，一般都会饲养多种鱼类，如果需要计算每种成鱼的生产成本，可采用产值比率法进行成本分离。

（2）植莲生产成本核算　植莲生产的主产品是莲籽和莲藕。在莲湖（田）未提供产品前对湖（面）的平整、小型堤埂兴修、莲种、莲秧培植和移栽等费用，应作长期待摊费用处理，在3～4年内按各收获年度的预产量比例进行摊销。投产后所发生的当年生产费用全部计入当年产品成本。当年生产费用和该年应摊销的往年费用之和一般可按照莲籽和莲藕的产值比例进行分配。其成本计算公式如下：

某年莲籽和莲藕生产总成本＝往年费用本年摊销额+本年费用

某年莲籽（莲藕）总生产成本＝该年莲籽和莲藕生产总成本÷莲籽和莲藕当年总产值×莲籽（莲藕）当年产值

（3）珍珠生产成本核算　珍珠生产周期较长，利用天然的河蚌插片育珠，也需要2～3年的时间。因此，珍珠生产成本计算采取哪年收获珍珠，生产费用就摊入哪年的办法。在收获珍珠前各年发生的生产费用，列为在产品结转下年，在珍珠收获的年度一次计入珍珠成本。采取鱼蚌混养培育珍珠的生产方式，其各年鱼类收入可采用逐年冲销生产费用的办法。

2. 海水养殖成本核算

（1）海水成鱼养殖的生产成本核算　海水成鱼养殖的方式有网箱养殖、港湾养殖和池塘养殖。海水成鱼养殖一般生产周期较长，多年放养，一次捕捞。在捕捞成鱼前，一般只将投放的鱼种费用作为在产品价值结转下年。所捕成鱼的生产成本，包括以前年度结转的生产费用和当年发生的生产费用、捕捞费用。其成本计算公式如下：

海水养殖成鱼单位成本＝（捕捞前各年结转的生产费用+当年发生的生产费用+捕捞费用）÷海水养殖成鱼总量

（2）对虾养殖的成本核算　对虾养殖的产品有虾苗和成虾两种。虾苗一般均为人工繁殖，成虾为每年春季放养、秋季捕捞。

养殖场自繁自用虾苗的成本，应转入“养殖成虾”明细账的“直接材料”项目；对外销售虾苗成本，转作产品销售成本，计入“主营业务成本”账户。

对于繁殖苗种用的亲虾，应根据年末存塘（池）数，自养亲虾按核定的固定价格或市价，外购亲虾按实际收购成本，记入“虾苗”明细账户的“直接材料”项目，作为在产品结转下年。

对于贝虾混养的，可以贝虾合并为一个成本计算对象，汇集其总成本，再按售价或者测定的成本系数的比例，分摊计算各种产品的成本。

（3）贝类养殖的成本核算　贝类包括牡蛎、文蛤、扇贝及鲍鱼等水产品。贝类采取分场地（堤地）按品种计算成本的办法。为了计算贝类养殖的生产成本，应在“农业生产成本——水产业”二级账户下，按品种设置“贝类苗种”和“贝类养殖”两个明细账户，分别汇集和计算各种贝苗和贝类的养殖成本。根据总成本和实际产量，计算产品的单位成本。

养殖场自繁自用贝苗成本，应转入有关“贝类养殖”明细账户的“直接材料”项目；对外销售贝苗成本，转作产品销售成本。

养殖的贝类，尚未收获的，其已发生的生产费用，作为在产品结转下年；开始大量收获时，其已发生的生产费用全部转作产成品成本。

贝类养殖生产采取轮捕轮放、收大留小的办法，当年发生的生产费用全部列为当年收获产品的成本。

（4）藻类养殖的成本核算　藻类主要有海带、裙带菜、紫菜等，一般采用品种法计算其生产成本。

为了计算藻类养殖的生产成本，应在“农业生产成本——水产业”二级账户下，按品种设置“藻苗养殖”“藻类养殖”两个明细账户，分别汇集和计算各种藻苗培育和藻类养殖的生产成本，根据总成本和实际产量，计算产品的单位成本。

养殖场自繁自用的藻苗成本，转入有关“藻类养殖”明细账户的“直接材料”项目，对外销售的藻苗成本，转作产品销售成本。

藻类养殖，一般采用哪年收获、生产费用摊入哪年产品成本的办法。为下年生产所支付的生产费用，可作为在产品结转下年。本年收获产品的成本，应包括本年内发生的生产费用和上年结转的在产品成本。

贝藻混养的海水养殖场，可将藻类、贝类合并为一个成本计算对象，归集其总成本，然后再按售价比例或测定的成本系数分摊计算各种产品的成本。

## 实训案例

1. 甲企业是以奶牛养殖为主并发展种植业的综合生产基地。2019年种植40公顷小麦、60公顷玉米，本年发生种子费24 600元，其中小麦种子15 600元、玉米种子9 000元。共发生人工费240 000元，化肥及农药费90 000元，浇水灌溉应付账款20 000元，小麦、玉米收获后全部加工成饲料。

2. 甲企业2019年5月饲料加工车间（榨油车间）领用黄豆82 200千克，单价0.71元，发生的修理费（机物料）175元、折旧费434元。豆饼、豆油完工入库。黄豆加工中可以产出约14％的豆油、86％的豆饼等联产品。

3. 某牧场共饲养奶牛95头，其中成年奶牛41头。2019年1月牛奶总产量为170 300千克，繁殖小牛犊19头。牛犊本月发生饲料费32 123.91元，牛奶13 003.2元，人工费8 571.99元，以银行存款支付医疗防疫费等费用55 692.21元。成母牛（已进入产奶期）发生的饲养费用如下：饲料145 203.59元，人工费16 735.84元，以银行存款支付防疫费8 069元，奶牛的折旧费为17 823.60元。

4. 某禽业养殖公司采用分群核算制，分为“基本鸡群”“幼鸡及育肥鸡”“人工孵化鸡”三个明细账户。本期发生的经济业务如下。请做账务处理。

（1）本期种蛋成本1 000元，鸡苗成本1 500元；消耗饲料6 800元，其中基本鸡群耗用3 600元、幼鸡及育肥鸡耗用2 400元、人工孵化鸡耗用800元。

（2）本期发生工资费用6 500元。其中，10名饲养人员的工资费用为4 500元：基本鸡群4人、幼鸡及育肥鸡群3人、人工孵化鸡群3人，饲养人员不固定某一鸡群的饲养。厂部管理人员1人，生产车间管理人员1人。该企业负担的工资及福利费用分配情况见表4-1。

**表4-1 工资及福利费用分配表**

| 部门 | | 工人数/人 | 工资费用/元 | 福利费用/元 | 合计/元 |
|---|---|---|---|---|---|
| 生产部门 | 基本鸡群 | 4 | 1 800 | 252 | 2 052 |
| | 幼鸡及育肥鸡 | 3 | 1 350 | 189 | 1 539 |
| | 人工孵化鸡 | 3 | 1 350 | 189 | 1 539 |
| | 生产管理 | 1 | 1 000 | 140 | 1 140 |
| 厂部 | 企业管理 | 1 | 1 000 | 140 | 1 140 |
| 合计 | | 12 | 6 500 | 910 | 7 410 |

（3）以银行存款支付外部防疫站鸡群药费和医疗费1 200元，其中基本鸡群300元、幼鸡及育肥鸡600元、人工孵化鸡300元。

（4）按规定计提种鸡折旧费600元（种鸡总成本为10 800元，使用寿命18个月）。种鸡专用鸡舍折旧1 000元，幼鸡及育肥鸡专用设备折旧600元，人工孵化专用设备折旧300元，生产车间房屋折旧5 000元。

（5）开出转账支票支付电费2 900元，其中基本鸡群700元、幼鸡及育肥鸡700元、人工孵化鸡500元、生产车间500元、管理部门500元。

（6）月末汇总煤炭领用表，共使用煤炭10吨，计3 500元，其中应由基本鸡群、幼鸡及育肥鸡、人工孵化鸡承担的分别为1 000元、1 500元、1 000元。

（7）月末按各鸡群直接费用比例分配共同费用。

（8）月末按实际成本结转生产成本。

（9）本月已将育肥鸡全部销售，按实际成本结转销售成本。

（10）本期种蛋总产量共9 100枚，副产品折价500元，计算种蛋单位成本。

微信扫码
解密答案

# 林业生产成本的核算

营林企业是以森林资源再生产和扩大再生产为基础，从事造林、育林以及森林经营管理、保护和利用的林业经济组织，是相对独立的商品生产者和经营者，承担着生态建设和林产品供给的重要任务。

营林企业主要的生产有：种苗的生产、林木的培育、森林的经营管理和森林资源的保护。

## 第一节　林业生产成本核算概述

### 一、成本核算对象

林业生产包括种子、苗木、木材生产等，其主要产品有种子、苗木、原木、原竹、水果、干果、干胶（或浓缩胶乳）、茶叶、竹笋等。林木按用途一般可分为用材林、经济林、防护林、薪炭林、特种用途林5类，不同用途、不同产品的林木应分别核算成本。林木按生产阶段一般可分为种苗、造林抚育、采割三个阶段，不同阶段的林木也应分别核算其成本。

1. 种苗成本核算对象

种子应按树种分别归集费用，核算种子成本；育苗阶段应按树种、育苗方式、播种年份分别归集费用，核算育苗成本。

2. 造林抚育成本核算对象

消耗性林木资产和公益林根据企业管理的需要，可按照小班、树种等归集费用，核算造林抚育成本。

3. 木材生产成本核算对象

按木材采伐运输方式、品种、批别及其生产过程等，根据企业管理的需要归集费用，核算木材生产成本。

4. 其他林产品成本核算对象

按照收获的品种、批别、生产过程等，根据企业管理的需要归集费用，核算收获品的成本。

林木资产有其明显的特点，表现为：林木资产的依附性、林木资产价值的不确定性、生产周期的长期性及林木资产效益的多样性（生态性、社会性、经济性）。

## 二、成本计算期

各阶段林木成本计算的截止时间不同，育苗阶段算至出圃时；造林抚育阶段，消耗性林木资产和公益林算至郁闭成林前；采割阶段，林木采伐算至原木产品，橡胶算至干胶或浓缩胶乳，茶算至各种毛茶，其他收获活动算至其他林产品入库。

# 第二节　种苗生产成本的核算

## 一、林木种子生产成本核算

林木种子是育苗造林的物质基础。种子的质量和数量直接影响更新造林的进展和成效。林木种子生产一般包括：种子收购、自营采集加工和在良种基地（种子园或母树木）培育3种方式。

1. 核算内容

林木种子生产成本核算包括自原果采集到原果加工完成的生产费用以及应负担的林木良种基地的培育成本和采收期的管护费用。这个过程可以分为原果采集（含收购）和原果加工两个阶段。

原果采集（含收购）阶段，核算由结实调查到球果验收入库（或到晾晒场）前各生产工序发生的费用及应负担的林木良种基地的培育成本和采收期的管护费用。

原果加工阶段，核算包括干燥脱壳、精选包装到纯子入库各工序发生的费用。

林木种子生产成本，应按树种区分生产阶段进行核算。

### 2. 林木种子生产成本核算方法

林木种子生产以生产周期为成本计算期，以千克为计量单位，采用分批法计算产品成本。产品完成验收入库后，其成本由原果采集和原果加工两个阶段平行转入完工产品成本。

**【例5-1】**某林业局种子站2019年10月在种子林采集杉木原果50 000千克至晾晒场，支付采集工资10 000元，应计提福利费1 400元，耗用材料1 600元。杉木原果经干燥脱壳、精选包装，生产种子4 000千克，已验收入库，支付工资费用2 000元，计提福利费280元，耗用材料1 720元，以银行存款支付委托生产加工费1 000元。该种子林培育总成本（成熟生产性生物资产账面原值）200 000元，按预计采收10年平均计提折旧。当年发生的种子林管护费用1 000元，银行存款支付。同时，该种子站收购红松种子2 000千克，支付收购款30 000元，收购杉木种子1 000千克，支付收购款16 000元。该站当年发生各项管理费用（间接费用）14 000元。

要求：计算该种子站的种子产品成本。

杉木种子和红松种子成本计算如下。

第一步，归集生产费用，登记“林木种子生产费用明细账”，见表5-1～表5-3。

**表5-1　林木种子生产费用明细账（一）**

产品别：杉木种子　　　　2019年10月

阶段别：原果采集　　　　单位：元

| 2019年 | | 凭证号 | 摘要 | 直接材料 | 直接人工 | 其他直接费 | 制造费用 | 合计 |
|---|---|---|---|---|---|---|---|---|
| 月 | 日 | | | | | | | |
| 10 | | | 耗用直接材料 | 1 600 | | | | 1 600 |
| 10 | | | 直接人工费 | | 11 400 | | | 11 400 |
| 10 | | | 母树木折旧费 | | | | 20 000 | 20 000 |
| 10 | | | 管护费用 | | | | 1 000 | 1 000 |
| 10 | | | 收购成本 | 16 000 | | | | 16 000 |
| 10 | | | 费用合计 | 17 600 | 11 400 | | 21 000 | 50 000 |

**表5-2　林木种子生产费用明细账（二）**

产品别：杉木种子　　　　2019年10月

阶段别：原果加工　　　　单位：元

| 2019年 | | 凭证号 | 摘要 | 直接材料 | 直接人工 | 其他直接费 | 制造费用 | 合计 |
|---|---|---|---|---|---|---|---|---|
| 月 | 日 | | | | | | | |
| 10 | | | 耗用直接材料 | 1 720 | | | | 1 720 |
| 10 | | | 直接人工费 | | 2 280 | | | 2 280 |
| 10 | | | 委托加工费 | | | 1 000 | | 1 000 |
| 10 | | | 费用合计 | 1 720 | 2 280 | 1 000 | | 5 000 |

**表5-3　林木种子生产费用明细账（三）**

产品别：红松种子　　　　2019年10月

阶段别：原果采集　　　　单位：元

| 2014年 | | 凭证号 | 摘要 | 直接材料 | 直接人工 | 其他直接费 | 制造费用 | 合计 |
|---|---|---|---|---|---|---|---|---|
| 月 | 日 | | | | | | | |
| 10 | | | 耗用直接材料 | | | | | |
| 10 | | | 直接人工费 | | | | | |
| 10 | | | 母树木折旧费 | | | | | |
| 10 | | | 管护费用 | | | | | |
| 10 | | | 收购成本 | 30 000 | | | | 30 000 |
| 10 | | | 费用合计 | 30 000 | | | | 30 000 |

（1）原果采集阶段

① 支付、分配原果采集工资并计提福利费

借：林业生产成本——杉木（原果采集）　　11 400

　　贷：应付职工薪酬　　11 400

借：应付职工薪酬　　11 400

　　贷：银行存款　　11 400

② 领用或购买耗用的材料费

A.领用材料

借：林业生产成本——杉木（原果采集）　　1 600

　　贷：原材料　　1 600

B.购买材料直接用于种子生产

借：林业生产成本——杉木（原果采集）　　1 600

　　贷：银行存款　　1 600

③ 计提当年母树木折旧、支付当年管护费用

当年母树木折旧＝200 000÷10＝20 000元

借：林业生产成本——杉木（原果采集）　21 000

　贷：生产性生物资产累计折旧　20 000

　　银行存款　1 000

④ 收购种子成本的核算

借：林业生产成本——杉木（原果采集）　16 000

　　——红松（原果采集）　30 000

　贷：银行存款　46 000

（2）原果加工阶段

① 支付、分配原果加工工资并计提福利费

借：林业生产成本——杉木（原果加工）　2 280

　贷：应付职工薪酬　2 280

借：应付职工薪酬　2 280

　贷：银行存款　2 280

② 领用或购买耗用的材料费

A.领用材料

借：林业生产成本——杉木（原果加工）　1 720

　贷：原材料　1 720

B.购买材料直接用于种子生产

借：林业生产成本——杉木（原果加工）　1 720

　贷：银行存款　1 720

③ 支付委托加工费

借：林业生产成本——杉木（原果加工）　1 000

　贷：银行存款　1 000

第二步，按照种子生产成本直接分配种子站管理费用14 000元，见表5-4。

**表5-4　间接费用分配表**

2019年10月

| 成本对象 | 直接成本/元 | 分配比例/% | 分配金额/元 |
| --- | --- | --- | --- |
| 杉木原果采集 | 50 000 | 58.82 | 8 234.8 |
| 杉木原果加工 | 5 000 | 5.88 | 823.2 |
| 红松原果采集 | 30 000 | 35.30 | 4 942 |
| 合计 | 85 000 | — | 14 000 |

借：林业生产成本——杉木（原果采集）　　8 234.8
　　　　　　　　——杉木（原果加工）　　823.2
　　　　　　　　——红松（原果采集）　　4 942
　贷：林业生产成本——共同费用　　14 000

第三步，根据“林木种子生产费用明细账”资料和“间接费用分配表”，编制“林木种子成本计算单”，见表5-5。

**表5-5　林木种子成本计算单**

2019年10月

| 树种别 | 产量/千克 | 生产阶段 | 直接材料/元 | 直接人工/元 | 其他直接费/元 | 制造费用/元 | 合计/元 |
|---|---|---|---|---|---|---|---|
| 杉木 | 5 000 | 采集 | 17 600 | 11 400 | | 29 234.8 | 58 234.8 |
| | | 加工 | 1 720 | 2 280 | 1 000 | 823.2 | 5 823.2 |
| | | 总成本 | 19 320 | 13 680 | 1 000 | 30 058 | 64 058 |
| | | 单位成本 | 3.864 | 2.736 | 0.2 | 6.0116 | 12.8116 |
| 红松 | 2 000 | 采集 | 30 000 | | | 4 942 | 34 942 |
| | | 总成本 | 30 000 | | | 4 942 | 34 942 |
| | | 单位成本 | 15 | | | 2.471 | 17.471 |

借：农产品——杉木种子　　64 058
　　　　　——红松种子　　34 942
　贷：林业生产成本——杉木（原果采集）　　58 234.8
　　　　　　　　　——杉木（原果加工）　　5 823.2
　　　　　　　　　——红松（原果采集）　　34 942

## 二、苗木生产成本核算

苗木生产产品——种苗通常作为苗木产品出售或用于本企业营林抚育阶段的种苗继续生产。按照“生物资产准则”的规定，应将其划分为消耗性生物资产进行会计核算。

### 1. 苗木生产成本核算的对象与内容

苗木生产成本核算，以育苗方式（大田、温室、容器、苗床、换床、育大苗等）区分树种为成本核算对象，核算由整地作床起至苗木出圃止的累计生产成本。

出圃苗木的选苗、查数、打小捆、临时假植的费用计入苗木成本。捆包、运输的费用由用苗单位负责。

越冬窖藏、假植的苗木仍在原树种的账面上反映，视同在床苗木，不计算完工产品成本。所发生的入窖、运沙、出入土和临时假植的费用等，仍计入该树种成本。第二年苗木出窖出圃时，再计算和结转完工成品成本。

### 2. 苗木的会计核算特点

苗木产品与一般企业产品不同，具有以下主要特点。

（1）在出圃前，始终处于在产品状态，品种多（一般中型企业约有200个品种），且同一品种规格多样，数量也多，生产费用持续投入，具有季节性，不均衡，除购入各种苗木支出时可单独记入相应品种、规格采购成本外，日常管理的公共性抚育成本占很大一部分。

（2）始终处于动态生长过程中，受自然气候影响大。如：二年生的苗木中会有一小部分比三年生的苗木规格大。抚育时间越长，区别越大，而苗木一般是按规格大小出售的。当年新栽植的苗木，有时成活率并不是很高。

（3）面积大，费用繁杂，而且为了提高土地利用率，常常对乔木、灌木、喜阳耐荫等品种进行套种。

（4）绝大部分苗木并非整体或规律性出售，多数是根据客户需要零散出圃。苗圃地里的苗木会逐渐变得没有规律性，品种混杂，参差不齐，各地块间相互移补。

以上这些特点决定了苗木成本核算的复杂性，核算工作量大，计算成本时难以做到完全意义上的准确成本。在进行苗木成本核算时应统筹考虑其合理性及工作效率，根据职业判断，用经济、合理的方式，在适当的时间对苗木成本进行追溯调整。

### 3. 苗木生产成本的核算

（1）苗木初始建园时，为了账务处理清晰，可增设“待摊费用”科目进行建园费用的归集。除初始购入的种苗支出直接计入相应的品种成本外，其余发生的所有与建园有关的费用计入“待摊费用”。“待摊费用”可根据企业实际费用项目情况设立相应的二级科目（如土地费、整地、肥料、栽植、除草等）进行明细核算，建园结束时由该科目转入“农业生产成本——苗木（共同费用）”科目进行正常生产投入核算。

会计处理如下。

借：待摊费用——土地费、整地费、栽植、除草费

　　贷：库存现金或银行存款

借：农业生产成本——苗木（共同费用）
　　贷：待摊费用

【例5-2】某林业公司2019年2月苗木初始建园时，发生的所有与建园有关的共同费用共计223 360元，其中土地费200 000元、整地费18 000元、肥料费3 200元、栽植除草费2 160元，以银行存款支付。

借：待摊费用——土地费　200 000
　　——整地费　18 000
　　——肥料　3 200
　　——栽植除草费　2 160
　　贷：银行存款　223 360

【例5-3】接上例，5月建园结束，将待摊费用转入"农业生产成本——苗木（共同费用）"科目进行正常生产投入核算。

借：农业生产成本——苗木（共同费用）　223 360
　　贷：待摊费用　223 360

【例5-4】接上例，5月苗圃建园后正常生产投入的费用，当期发生公共性抚育成本4 680元，可直接计入杉木苗木的抚育费为7 800元。

借：农业生产成本——苗木（共同费用）　4 680
　　——杉木苗木　7 800
　　贷：银行存款　12 480

（2）苗木日常发生的育苗作业成本首先计入"农业生产成本——××苗木"科目，苗木出圃时转入"消耗性生物资产"科目。

一年生苗木，采用简单法计算育苗作业成本和出圃苗木成本。按树种、育苗方式归集的年度总费用，即是该苗木的总成本。其单位成本的计算公式分别为：

某树种苗木单位面积培育成本＝该树种生产费用÷该树种苗木面积（公顷）

某树种出圃苗木单株（或千株）成本＝该树种出圃苗木总成本÷该树种苗木产量（株或千株）

多年生苗木，采用近年累计平均法计算育苗作业累计总成本和单位成本。生产费用在各育苗方式间采用分项结转方式结转。起用苗木和在床苗木之间采用约当产量进行分配，其计算公式如下：

某树种起用苗木千株成本＝该树种育苗总费用÷［该树种起用苗木产量（千株）+在床苗木约当产量（千株）］

某树种起用苗木种苗总成本＝该树种起用苗木种苗数量（千株）×某树种起用苗木种苗千株成本

在床苗木种苗约当产量＝在床苗木种苗数量×约当比例

约当比例可采用培育年限系数法、定额成本法、计划成本法等方法计算，其公式为：

约当比例＝在床苗木实际培育年限（或在床苗木定额成本、计划成本）÷起用苗木培育年限（或在床苗木定额成本、计划成本）

对于1年插条多年割条的母本林苗木生产，第一年在产品只计算直接材料费，其他费用均由完工苗木（萌条）负担，第二年培育成本及上年转来的种苗费，均由完工产品负担，掘根整地费用由最后年度完工产品负担。

【例5-5】某林场以大田生产的方式培育杉木苗。2019年5月该场大田培育杉木苗木累计生产费用如表5-6所示。该场本年出圃3年生杉木900千株，年末在床杉木苗：1年生1 170千株、2年生1 065千株。该场采用年限系数法计算在床苗木的约当产量。杉木苗木生产费用的直接材料费，按实际产量比例在出圃苗木与在床苗木之间进行分配；其他费用按约当产量比例分配。

**表5-6 苗木生产成本明细账**

树种：杉木

作业方式：大田　　2019年5月　　单位：元

| 2019年 | | 凭证号 | 摘要 | 直接材料 | 直接人工 | 其他直接费 | 间接费用 | 合计 |
|---|---|---|---|---|---|---|---|---|
| 月 | 日 | | | | | | | |
| 5 | 略 | 略 | 期初结转 | 12 400 | 14 000 | 3 300 | 9 500 | 39 200 |
| 5 | | | 种子费 | 2 606 | — | — | — | 2 606 |
| 5 | | | 材料费 | 1 450 | — | — | — | 1 450 |
| 5 | | | 肥料农药 | 900 | — | — | — | 900 |
| 5 | | | 育苗工资等 | — | 14 820 | — | — | 14 820 |
| 5 | | | 种子处理费 | 164 | — | — | — | 164 |
| 5 | | | 委托灌机费 | — | — | 1 500 | — | 1 500 |
| 5 | | | 分配间接费用 | — | — | — | 1 500 | 1 500 |
| 5 | | | 本期发生额 | 5 120 | 14 820 | 1 500 | 1 500 | 22 940 |
| 5 | | | 生产费用合计 | 17 520 | 28 820 | 4 800 | 11 000 | 62 140 |
| 5 | | | 完工产品成本 | 5 031 | 12 969 | 2 160 | 4 995 | 25 110 |
| 5 | | | 期末结存 | 12 489 | 15 851 | 2 640 | 6 005 | 37 030 |

（1）计算在床苗木的约当产量。

1年生在床苗木的约当产量＝1 170×1/3＝390（千株）

2年生在床苗木的约当产量＝1 065×2/3＝710（千株）

2019年5月登记苗木生产成本明细账的会计分录如下。

借：消耗性生物资产——林业（杉木苗木）　　21 440

　贷：原材料——种子　　2 606

　　　　——材料　　1 450

　　　　——肥料　　900

　　　　——种子处理　　164

　　应付职工薪酬　　14 820

　　银行存款　　1 500

借：消耗性生物资产——林业（杉木苗木）　　1 500

　贷：农业生产成本——共同费用　　1 500

（2）根据大田杉木“苗木生产成本明细账”的成本费用以及产量等资料编制“杉木苗木成本计算单”，如表5-7所示，计算出苗圃杉木苗木成本。

**表5-7　杉木苗木成本计算单**

2019年5月

| 项目 | 实际产量/千株 | 约当产量/千株 | 直接材料/元 | 直接人工/元 | 其他直接费/元 | 间接费用/元 | 合计/元 |
|---|---|---|---|---|---|---|---|
| 期初在产品成本 | | | 12 400 | 14 000 | 3 300 | 9 500 | 39 200 |
| 本期生产费用 | | | 5 120 | 14 820 | 1 500 | 1 500 | 22 940 |
| 生产费用合计 | 3 135 | 2 000 | 17 520 | 28 820 | 4 800 | 11 000 | 62 140 |
| 单位成本（每千株） | | | 5.59 | 14.41 | 2.4 | 5.5 | 27.9 |
| 完工产品成本 | 900 | 900 | 5 031 | 12 969 | 2 160 | 4 950 | 25 110 |
| 期末在产品成本 | 2 235 | 1 100 | 12 489 | 15 851 | 2 640 | 6 050 | 37 030 |

借：农产品——林业（杉木苗木）　　25 110

　贷：消耗性生物资产——林业（杉木苗木）　　25 110

# 第三节　营林生产成本核算

## 一、营林生产成本核算概述

### 1. 营林生产成本的概念

营林生产成本是指为当年造林、抚育、次生低产林改造、营林设施、森林管护及调查设计等各项营林生产作业所耗费的生产费用，包括直接人工、直接材料、委托生产费、其他直接生产费。根据规定，营林成本按制造成本法核算，不包括场部管理费用和财务费用。它是进行林木资产价值量核算的基础。

### 2. 营林生产成本的核算对象和内容

营林生产成本对象应分为用材林、经济林、竹林、薪炭林、特种用途林、防护林等，并进一步以营林生产造林、抚育生产的作业项目及林木管护的管护项目为对象，分别核算各生产作业项目作业成本和各管护项目的年度费用。

营林生产成本核算的具体内容，区分为造抚作业成本和森林管护费用两类。

（1）造抚作业成本　造抚作业成本分设林种核算。林种以下分“造林”和“抚育”归集有关作业项目的生产费用，计算作业成本。

① 造林　指当年完工的造林作业，按下列作业项目归集费用，计算作业成本：

a. 整地（亩），包括劈山、炼山等各种类型的整地，如带状整地、块（穴）状整地、全面整地等。按机械、畜力、人力分别核算。

b. 栽植（亩），包括飞播、直播和定植。消耗的种子和苗木应列入此项目。

c. 补植（折合亩），包括补苗及必要时的整地费。

② 抚育　按下列项目归集费用，计算作业成本：

a. 幼林抚育（亩），指新造林开始至林木郁闭成林时止的除草、松土、施肥、灭萌作业等。

b. 中成林抚育（亩），指林木郁闭成林后发生的各项抚育作业，不包括成林后正式投产的经济林、一般性经营的竹林抚育。

c. 次生低产林改造（亩），指以抚育为主、不减少原林地面积的林改造。成片采伐更新的应列造林作业核算。

（2）森林管护费用　森林管护费用以费用项目为核算对象，分为森林保护费、营林设施费、良种试验费、调查设计费及其他管护费用五个项目，分项核算。

3. 营林生产成本的成本计算期

营林生产作业是一种季节性的生产作业，例如秋整地、春植苗等，每年规律性地重复进行。所以，营林生产作业成本计算，应按年度进行，分别核算各年度营林生产作业项目的成本。

## 二、营林生产成本核算

营林生产成本的核算要在“消耗性生物资产”“生产性生物资产”“公益性生物资产”和“农业生产成本”等科目中进行，并且应根据成本核算对象的内容设置明细分类科目。企业营林生产所负担的管理费用、经济林培育达到预定生产经营目的后再发生的林木管护支出，不计入营林生产成本。

营林生产的造林、抚育、低产林改造等作业项目，是按所培育的林种、树种进行明细核算的，根据明细核算资料就可归类计算林种、树种的本年造抚成本。营林生产的管护费用，是企业为管护全部林木而发生的支出，应区分不同情况，按本年所管护的各类各种林木的面积比例分配。

**【例5-6】**某林场2019年发生的营林生产费用，如表5-8所示。

**表5-8　杉木苗木成本计算单**

2019年12月31日　　　　单位：元

| 林种 | 树种 | 作业项目 | 直接材料 | 直接人工 | 其他直接费 | 其他间接费用 | 总成本 |
|---|---|---|---|---|---|---|---|
| 用材林 | 杉木 | 造　林 | 50 000 | 42 000 | 5 000 | | 97 000 |
| 用材林 | 杉木 | 抚　育 | | 40 000 | 2 000 | | 42 000 |
| × | × | 森林保护 | | 300 000 | 30 000 | | 330 000 |
| × | × | 营林设施 | 100 000 | 20 000 | 20 000 | | 140 000 |
| × | × | 良种试验 | 3 000 | 1 000 | | | 4 000 |
| × | × | 护林防火宣传费 | | | | 31 000 | |
| | | 合计 | 153 000 | 403 000 | 57 000 | 31 000 | 644 000 |

2019年登记营林生产成本明细账的有关会计分录为：

（1）发生材料费用

借：消耗性生物资产——杉木（造林）　　　　50 000

农业生产成本——共同费用（营林设施） 100 000

——共同费用（良种试验） 3 000

贷：原材料 153 000

（2）发生工资等职工薪酬

借：消耗性生物资产——杉木（造林） 42 000

——杉木（抚育） 40 000

农业生产成本——共同费用（森林保护） 300 000

——共同费用（营林设施） 20 000

——共同费用（良种试验） 1 000

贷：应付职工薪酬 403 000

（3）发生作业费用

借：消耗性生物资产——杉木（造林） 5 000

——杉木（抚育） 2 000

农业生产成本——共同费用（森林保护） 30 000

——共同费用（营林设施） 20 000

贷：银行存款 57 000

（4）发生其他间接费用

借：农业生产成本——共同费用（护林防火宣传费）31 000

贷：银行存款 31 000

（5）分配间接费用　该场2019年管护林木面积为：未郁闭用材林5 000公顷，其中，杉木4 000公顷、松木1 000公顷；防护林40公顷；未成熟柑橘林10公顷。

根据以上资料，编制营林管护费用分配表，如表5-9所示，营林成本汇总表如表5-10所示，林木资产年度成本计算汇总表如表5-11所示。

**表5-9　营林共同管护费用分配表**

2019年12月31日

| 林种 | 树种 | 面积/公顷 | 分配率/（元/公顷） | 分配金额/元 |
|---|---|---|---|---|
| 用材林 | 杉木 | 4 000 | 100 | 400 000 |
| 用材林 | 松木 | 1 000 | 100 | 100 000 |
| 防护林 | | 40 | 100 | 4 000 |
| 经济林 | 柑橘 | 10 | 100 | 1 000 |
| 合计 | | 5 050 | × | 505 000 |

借：消耗性生物资产——杉木（管护费用） 400 000

——松木（管护费用） 100 000

公益性生物资产——防护林 4 000

生产性生物资产——未成熟生产性生物资产（柑橘） 1 000

贷：农业生产成本——共同费用 505 000

**表5-10 营林成本汇总**

2019年12月31日

| 林种 | 树种 | 作业项目 | 计量单位 | 数量 | 单位成本/元 | 总成本/元 |
|---|---|---|---|---|---|---|
| 用材林 | 杉木 | 造　林 | 公顷 | 100 | 970 | 97 000 |
| 用材林 | 杉木 | 抚　育 | 公顷 | 140 | 300 | 42 000 |
| × | × | 森林保护 | | | | 330 000 |
| × | × | 营林设施 | | | | 140 000 |
| × | × | 良种试验 | | | | 4 000 |
| × | × | 护林防火宣传费 | | | | 31 000 |
| | | 合计 | × | × | × | 644 000 |

**表5-11 林木资产年度成本汇总表**

2019年12月31日　　单位：元

| 林种 | 树种 | 造抚成本 | 管护费用 | 总成本 |
|---|---|---|---|---|
| 用材林 | 杉木 | 139 000 | 4 00 000 | 539 000 |
| 用材林 | 松木 | | 100 000 | 100 000 |
| 防护林 | | | 4 000 | 4 000 |
| 经济林 | 柑橘 | | 1 000 | 1 000 |
| 合计 | | 139 000 | 505 000 | 644 000 |

# 第四节　木材生产成本核算

## 一、木材生产成本核算的特点

木材生产是对林木进行采伐，并将木材运至贮木场或其他销售地的生产过程。木材生产是多阶段、连续式的大量生产，木材产品一般要依次经过采伐、集材、运材和贮木等生产阶段，才能成为可供出售的产品。只有研究和掌握木材生产成本核算的特点，才能正确组织木材生产成本核算。

## 二、木材生产成本核算对象和成本计算方法

确定木材生产成本的核算对象，应根据木材生产工艺的组织特点以及企业经济管理的要求来进行。

木材的生产成本包括从采伐、收购起，经过不同方式集材、运材，运到最终贮木场或销售点归楞，可供销售为止的全部生产费用。为了正确归集计算和利于分析考核，应以木材生产阶段为核算对象。生产阶段一般划分为伐区生产、运材和贮木场阶段。各生产阶段核算内容如下所述。

（1）伐区生产阶段　指从木材采伐开始，经集材到指定的集材地归楞，并将木材装上运材工具止的各项生产作业。此段核算采伐、集材、装车的成本，收购林农交售的木材支付的收购价，也在本阶段核算。

（2）运材阶段　指木材从集材地运到最终贮木场或指定的原木卸车地址的全部生产作业。此段核算木材运输过程中所发生的费用，企业应根据运输方式的不同分别核算，如：水路运材、汽车运材和森林运材等。

（3）贮木场阶段　指从木材卸车起，经造材、选材到归楞止的生产作业。此段核算卸车、搬运、造材、选材和归楞的生产费用。

如果木材生产组织是一条龙混合生产作业，也可以不划分生产阶段进行核算，直接以木材产品为成本核算对象。

用平行结转分步法计算木材生产成本，如图5-1所示。

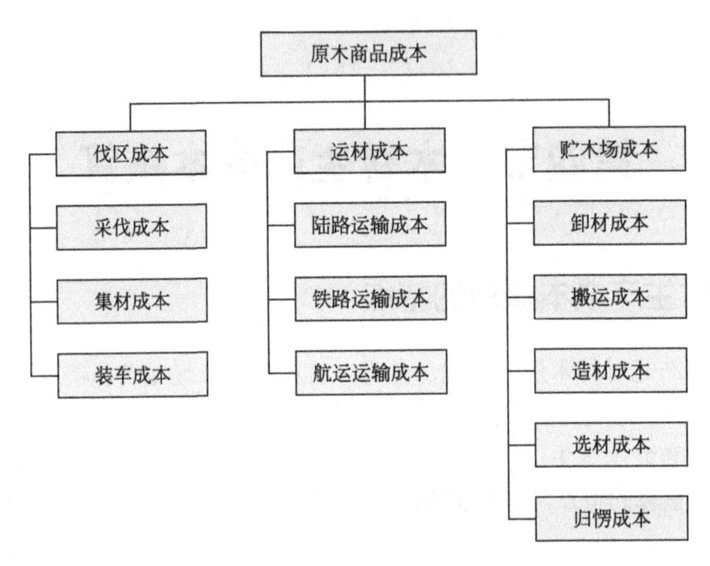


**图5-1　平行结转分步法计算木材生产成本**

## 三、木材生产的成本项目

（1）直接材料　指直接用于木材生产的外购和自制原料、材料、燃料和动力以及其他直接材料等。其中包括以下几个方面。

① 收购价及林价　包括收购乡村集体或林农的木材价款，企业采伐集体或林农所有林支付的林价（山价）款，采伐林木按规定结转的林木培育成本等。

② 辅助材料。

③ 燃料和动力。

（2）直接工资　指直接参加木材产品生产的生产工人工资、资金和津贴，以及按生产工人工资总额和一定比例计算提取的职工福利费。实行内部核算或承包给职工经营的费用列入“其他直接费用”项目，不在本项目核算。

（3）其他直接费　包括除直接材料、直接工资外的其他直接支出，如委托生产费、生产准备费、维简费和其他等。

① 委托生产费　指委托外部单位或个人从事产品生产所支付的费用。

② 生产准备费　指为产品生产而提前进行的生产前准备作业费用，包括集材道、临时性架空索道（不包括绞盘机）、装车架杆、装车场、楞场、简易车库、牛马棚、帐篷架设、简易房舍、森铁岔线、简易公路等的修建费用。属于构成准备作业工程的钢丝绳、滑车等的摊销也包括在内，但不包括属于固定资产的帐篷和流动钢轨的价值。

③ 维简费　指按规定标准和木材产品产量在生产成本中提取的伐区道路延伸费。

④ 其他。

（4）间接费用　是指基层生产单位为组织和管理生产所发生的各项费用。

## 四、木材生产费用的汇集和分配

木材生产费用的汇集是在“农业生产成本——林业（木材）”账户下进行的，由于林业企业的年伐量是按照森林经营的轮伐期确定的，年度间的产量变化不大。为此规定准备作业费和间接费用均采取当年发生、当年计入产品成本的办法，以反映当年的实际支出。费用的分配原则如下。

由于木材生产为单一产品的生产，生产费用在按用途和发生地点归集后，没有必要做过多的内部分配，规定准备作业费和间接费用分别列入伐区、运材和贮木场完成产品的阶段成本，阶段内不再分配。

为正确核算木材产品成本，加强产品管理的经济责任制，木材商品产品成本中的伐区成本只能是运抵贮木场的部分，不能按伐区运出的产量计算。因此，应计算运材阶段的木材在产品成本，对途中的掉道材由运材部门建账管理。运材在产品只计算伐区成本，不包括运输费用。

林业企业一般实行企业（或总场）与林场（或分场）两级成本核算。林场（或分场）核算本单位发生的成本费用，企业（或总场）核算维简费，并汇总核算全部木材产品生产成本。基层生产单位日常按生产费用要素组织核算的，应由企业在汇总时合并为成本项目。

为了获得完整的木材成本核算资料，林业企业财务部门应将木材生产采、运、储各基层生产单位报送的成本报表和企业机关直接发生的有关费用进行必要的整理和汇总，最终计算木材采运生产的商品成本。木材验收入库时，借记“农产品——林业（木材）”科目，贷记“农业生产成本——林业（木材）”科目。

**【例5-7】**某林业采育林场某月采伐原木5 682立方米，收购林农原木5 385立方米，经济业务如下：

1. 木材采伐生产

① 结转采伐原木5 682立方米的林木培育成本309 260.55元。

借：农业生产成本——原木采伐生产成本　　309 260.55

　　贷：消耗性生物资产——××树　　309 260.55

② 采伐原木修集材道、楞场等准备作业费604 904.27元，其中工资252 328.46元、结转材料费352 575.81元。

借：农业生产成本——原木采伐生产成本　　604 904.27

　　贷：应付职工薪酬　　252 328.46

　　　　原材料　　352 575.81

③ 采伐原木5 682立方米，支付工资503 436.64元。

借：农业生产成本——原木采伐生产成本　　503 436.64

　　贷：应付职工薪酬　　503 436.64

④ 委托农村农户将采伐原木运送至公路边，支付委托费76 455.68元。

借：农业生产成本——原木采伐生产成本　　76 455.68

　　贷：其他应付款　　76 455.68

⑤ 采伐原木生产按规定标准提取育林费337 617.62元。

借：农业生产成本——原木采伐生产成本　　337 617.62

　　贷：育林基金　　337 617.62

⑥ 采伐原木生产按规定支付林业保护建设费28 410元。

借：农业生产成本——原木采伐生产成本　　28 410

　　贷：育林基金　　28 410

2.原木收购生产

① 收购原木生产代扣农业特产税57 260元，代扣教育费附加1 145.20元。

借：农业生产成本——原木收购生产成本　　58 405.20

　　贷：应交税费——应交农业特产税　　57 260

　　　　其他应交款——教育费附加　　1 145.20

② 代扣迹地更新费13 462.5元，林业生产保证金53 850元，代扣护林防火费107 770元。

借：农业生产成本——原木收购生产成本　　175 082.5

　　贷：专项应付款——迹地更新费　　13 462.5

　　　　　　　　——林业生产保证金　　53 850

　　　　　　　　——护林防火费　　107 770

③ 代扣养路费26 925元，代扣联营体管理费用13 790元。

借：农业生产成本——原木收购生产成本　　40 715

　　贷：其他应付款——养路费　　26 925

　　　　　　　　——联营体管理费用　　13 790

④ 支付林农原木价款235 137.31元。

借：农业生产成本——原木收购生产成本　　235 137.31

　贷：库存现金　　235 137.31

⑤ 返回乡镇收购价38 755.89元。

借：农业生产成本——原木收购生产成本　　38 755.89

　贷：银行存款　　38 755.89

⑥ 委托某汽车运输企业将收购原木运至贮木场，支出运费39 070.33元。

借：农业生产成本——原木收购生产成本　　39 070.33

　贷：银行存款　　39 070.33

⑦ 按规定计提维简费213 313.81元。

借：农业生产成本——原木收购生产成本　　213 313.81

　贷：维简费　　213 313.81

⑧ 按规定提取育林费319 970.48元。

借：农业生产成本——原木收购生产成本　　319 970.48

　贷：育林基金　　319 970.48

⑨ 按规定将林业保护费26 925元计入原木收购成本。

借：农业生产成本——原木收购生产成本　　26 925

　贷：专项应付款——林业保护费　　26 925

3. 车间费用

该采育场为采伐原木和收购原木共发生共同费用453 654.83元，按规定原木采伐生产分摊312 599.65元，原木收购生产分摊141 055.18元。

借：农业生产成本——原木采伐生产成本　　312 599.65

　　　　　　　——原木收购生产成本　　141 055.18

　贷：借：农业生产成本——共同费用　　453 654.83

**【例5-8】**某森工企业原木生产采取伐区、运材和贮木场三段生产作业，林场原木4 640立方米，全部由汽车队运抵贮木场，经济业务如下。

1. 伐区阶段

（1）准备作业费　林场修建集材道16千米，支出工资36 480元，材料费6 720元，合计43 200元。

借：农业生产成本——伐区生产成本——准备作业　　43 200

　贷：应付职工薪酬　　36 480

　　　原材料　　6 720

（2）直接生产费用　林场生产原木4 640立方米，共支出149 500元，其中工资102 258元、材料费16 042元、燃料费31 200元。

借：农业生产成本——伐区生产成本——直接生产费用　149 500
　　贷：应付职工薪酬　102 258
　　　　原材料　47 242

（3）机械修理费用　该林场检修点支出6 500元，其中材料及修理配件费用3 650元、工资2 850元，修理费用按检修工时分配，其中原木生产1 480工时、营林生产520工时。

① 费用发生时

借：农业生产成本——辅助生产成本——机械修理费用　6 500
　　贷：应付职工薪酬　2 850
　　　　原材料　3 650

② 分配修理费用　按修理工时分配修理费用：

原木生产分配系数＝1 480÷（1 480+520）＝0.74

营林生产分配系数＝520÷（1 480+520）＝0.26

原木生产应分配修理费用＝6 500×0.74＝4 810元

营林生产应分配修理费用＝6 500×0.26＝1 690元

借：农业生产成本——伐区生产成本——机械修理费用　4 810
　　农业生产成本——营林生产成本——机械修理费用　1 690
　　贷：农业生产成本——辅助生产成本——机械修理费用　6 500

（4）制造费用　林场本月制造费用支出216 060元，其中，工资36 480元，消耗材料82 000元，折旧费15 500元，通过现金支付差旅费、办公费等82 080元。月末按直接材料费用比例分摊制造费用，原木生产分摊139 230元，营林生产分摊76 830元。

① 费用发生时

借：制造费用　216 060
　　贷：应付职工薪酬　36 480
　　　　原材料　82 000
　　　　累计折旧　15 500
　　　　库存现金　82 080

② 制造费用分摊时

借：农业生产成本——伐区生产成本——制造费用　139 230
　　农业生产成本——营林生产成本——制造费用　76 830
　　贷：农业生产成本——辅助生产成本——制造费用　216 060

（5）平行结转本月运出的原木生产成本（伐区生产成本转入原木生产成本）。

借：农业生产成本——原木生产成本　　336 740

　　贷：农业生产成本——伐区生产成本　　336 740

2. 运材阶段

汽车队本月从伐区运到贮木场原木4 640立方米（1立方米=1吨），平均运距80千米，客货运输4 000吨，平均运距60千米。基本生产支出130 358元，其中材料27 100元、修理用备件33 000元、燃料47 800元、工资22 458元。汽车修理费支出99 340元，其中材料及配件80 000元、燃料及动力14 780元、工资4 560元。车间经费支出47 868元，其中材料费4 500元、燃料费9 000元、工资9 232元、折旧费21 000元，以现金支付办公费4 136元。经济业务处理如下。

（1）计算原木和客货运输的“吨·千米”数

原木运输=4 640吨×80千米=371 200吨·千米

客货运输=4 000吨×60千米=240 000吨·千米

（2）计算原木、客货运输分配系数

原木运输分配系数=371 200÷（371 200+240 000）=0.61

客货运输分配系数=240 000÷（371 200+240 000）=0.39

（3）基本生产核算

① 费用发生时

借：农业生产成本——采运生产成本——混合成本　　130 358

　　贷：原材料　　107 900

　　　　应付职工薪酬　　22 458

② 分配基本生产费用

借：农业生产成本——采运生产成本——运材成本

　　79 518（130 358×0.61）

　　农业生产成本——采运生产成本——客货运输成本

　　50 840（130 358×0.39）

　　贷：农业生产成本——采运生产成本——混合成本　　130 358

（4）修理费用核算

① 费用发生时

借：农业生产成本——辅助生产成本——混合成本　　99 340

　　贷：原材料　　94 780

　　　　应付职工薪酬　　4 560

② 分配修理费用

借：农业生产成本——采运生产成本——运材成本

60 597（99 340×0.61）

农业生产成本——采运生产成本——客货运输成本

38 743（99 340×0.39）

贷：农业生产成本——辅助生产成本——混合成本 99 340

（5）车间经费核算

① 费用发生时

借：制造费用 47 868

贷：应付职工薪酬 9 232

原材料 13 500

累计折旧 21 000

库存现金 4 136

② 分配车间经费

借：农业生产成本——采运生产成本——运材成本

29 199（47 868×0.61）

农业生产成本——采运生产成本——客货运输成本

18 669（47 868×0.39）

贷：制造费用 47 868

（6）平行结转本月采运成本

借：农业生产成本——原木生产成本 169 314

贷：农业生产成本——采运生产成本 169 314

借：其他业务支出 108 252

贷：农业生产成本——采运生产成本——客货运输成本 108 252

3. 贮木场阶段

贮木场生产为混合劳动组织型生产，装车和归楞使用同一机械设备。贮木场本月基本生产 4 640立方米，发送装车原木2 354立方米。发生有关费用如表5-12所示，生产定额有关数据如表5-13所示。

**表5-12 贮木场生产费用表**

××××年××月 单位：元

| 费用项目 | 基本生产作业 | 车间管理 | 修理作业 |
|---|---|---|---|
| 材料费 | 9 822 | 2 250 | 2 750 |
| 工资 | 21 888 | 7 524 | 5 369 |
| 燃料 | | 366 | 1 261 |
| 差旅费/办公费 | | 2 420 | |
| 合计 | 31 710 | 12 560 | 9 380 |

**表5-13 生产定额表**

××××年××月

| 生产作业项目 | 工时定额/日 | 台班定额/（立方米/台班） | 修理工时（工时） | 作业量/立方米 | 台班数（台班） | 工日分配系数 | 修理分配系数 |
|---|---|---|---|---|---|---|---|
| ① | ② | ③ | ④ | ⑤ | ⑥=⑤÷③ | ⑦=②÷Σ② | ⑧=④÷Σ④ |
| 原木生产 | 1 878 | 116 | 225 | 4 640 | 40 | 0.91 | 0.75 |
| 发送装车 | 192 | 107 | 75 | 2 354 | 22 | 0.09 | 0.25 |
| 合计 | 2 070 | — | 300 | 6 994 | — | 1.00 | 1.00 |

（1）贮木场基本生产作业

① 基本生产作业费用发生时

借：农业生产成本——贮木场生产成本——混合成本　　31 710

　　贷：原材料　　9 822

　　　　应付职工薪酬　　21 888

② 分配基本生产作业费用

A.按定额台班数分配材料费

原木生产应分配材料费＝9 822×40÷（40+22）＝6 337元

发送装车应分配材料费＝9 822×22÷（40+22）＝3 485元

B.按生产工日分配工资

原木生产应分配工资费＝21 888×0.91＝19 918元

发送装车应分配工资费＝21 888×0.09＝1 970元

借：农业生产成本——贮木场生产成本——贮木场原木生产成本

　　26 255

　　农业生产成本——贮木场生产成本——贮木场发送装车生产成本

　　5 455

　　贷：农业生产成本——贮木场生产成本——混合成本　　31 710

（2）修理费用核算

① 发生修理费用时

借：农业生产成本——辅助生产成本　　9 380

　　贷：原材料　　4 011

　　　　应付职工薪酬　　5 369

② 分配修理费用

借：农业生产成本——贮木场生产成本——贮木场原木生产成本　　7 035

农业生产成本——贮木场生产成本——贮木场发送装车生产成本

2 345

贷：农业生产成本——辅助生产成本 9 380

（3）车间经费核算

① 发生车间经费时

借：制造费用 12 560

贷：应付职工薪酬 7 524

原材料 2 616

库存现金 2 420

② 分配车间经费

借：农业生产成本——贮木场生产成本——贮木场原木生产成本

11 430

农业生产成本——贮木场生产成本——贮木场发送装车生产成本

1 130

贷：制造费用 12 560

（4）平行结转贮木场本月生产成本

借：农业生产成本——原木生产成本 44 720

贷：农业生产成本——贮木场生产成本——贮木场原木生产成本 44 720

借：其他业务支出 8 930

贷：农业生产成本——采运生产成本——贮木场发送装车生产成本 8 930

4. 原木生产成本汇总表

见表5-14。

**表5-14 原木生产成本计算单**

产量：4 640立方米　　××××年××月　　单位：元

| 作业阶段 | 准备作业费 | 机械修理费 | 直接生产费 | 制造费 | 合计 |
|---|---|---|---|---|---|
| 伐区 | 43 200 | 4 810 | 149 500 | 139 230 | 336 740 |
| 运材 | | 60 597 | 79 518 | 29 199 | 169 314 |
| 贮木场 | | 7 035 | 26 255 | 11 430 | 44 720 |
| 总成本 | 43 200 | 72 442 | 255 273 | 179 859 | 550 774 |
| 单位成本 | 9.31 | 15.61 | 55.02 | 38.76 | 118.70 |

# 第五节 林业专项资金的核算

## 一、林业专项资金概述

林业专项资金是指国家为保护森林资源、发展林业生产，由国家林业主管部门和财政部门共同建立的、拨付给林业企事业单位，用于特定项目、具有专门用途的项目资金。近几年，随着国家对森林资源作用的认识越来越深，对林业也就越来越重视，对林业的投入越来越大，安排的项目资金越来越多。以下主要对一些重点林业专项资金的核算进行介绍。

## 二、育林基金的核算

1. 育林基金的概念

育林基金是指营林企业根据以林养林的原则，为恢复和发展林木资产而按照最高不超过林木产品销售收入10%征收的一项专项资金，是营林企业培育森林资源的重要资金来源，并按照《育林基金征收使用管理办法》的规定缴纳育林基金。

2. 育林基金管理办法主要内容 《育林基金征收使用管理办法》的有关规定：

① 采伐林木的单位和个人应按照本办法规定缴纳育林基金。

② 育林基金按照最高不超过林木产品销售收入的10%计征，具体征收标准由各省、自治区、直辖市考虑林业生产经营单位和个人的经济承受能力核定。具备条件的地区可以将育林基金征收标准确定为零。

③ 林木产品销售收入按下列原则确定：

a. 采伐林木单位和个人会计核算健全，能准确提供销售资料的，按照林木产品实际销售收入确定。

b. 采伐林木单位和个人会计核算不健全，不能准确提供销售资料的，按照林业主管部门会同有关部门核定的当地同类林木产品平均销售价格和实际林木产品销售数量计算林木产品销售收入确定。

c. 采伐林木单位和个人自产自用林木产品或将林木产品直接用于加工的，

按照林业主管部门会同有关部门核定的当地同类林木产品平均销售价格和实际耗用林木产品数量计算林木产品销售收入确定。

林木产品是指木材和竹材，不包括林副产品、经济林产品以及其他林产品。

④ 采伐林木单位和个人缴纳育林基金，由县级以上地方林业主管部门按照管理权限负责收取。

⑤ 育林基金在林木产品的销售环节征收。自产自用或直接用于加工的林木产品，在移送使用环节征收。

林业主管部门不得在多次销售林木产品时重复征收育林基金。对进口林木单位和个人不得征收育林基金。严禁在育林基金外加收任何名目的费用。

农村居民采伐自留地和房前屋后个人所有的零星林木，免征育林基金。

⑥ 县级以上地方林业主管部门征收育林基金，使用各省、自治区、直辖市财政部门统一印制的票据。

县级以上地方林业主管部门征收的育林基金，全额缴入同级地方国库，具体缴库办法按照地方财政部门的规定执行。

⑦ 育林基金专项用于森林资源的培育、保护和管理，使用范围包括：种苗培育、造林、森林抚育、森林病虫害预防和救治、森林防火和扑救、森林资源监测、林业技术推广、林区道路维护以及相关基础设施建设和设备购置等。任何单位和个人不得截留或挪作他用。

⑧ 林业部门行政事业经费，由同级财政部门通过部门预算予以核拨，不得从育林基金中列支。

⑨ 育林基金应严格按照预算安排使用，实行专款专用，年终结余结转下年度继续使用。

⑩ 育林基金征收、使用和管理应当接受财政、审计和上级林业主管部门的监督检查。

### 3. 育林基金会计核算

（1）会计科目设置

①“专项应付款——育林基金”科目　本科目用来核算营林企业收到的由上级林业主管部门拨入或返还的育林基金，以及其具体使用情况的增减变动。

a. 营林企业收到上级拨入或返还的育林基金时，借记“银行存款”科目，贷记本科目。

b. 企业用于工程项目支出，借记“固定资产”“在建工程”“消耗性生物资产”或“生产性生物资产”“公益性生物资产”“农业生产成本”等科目，贷记

“银行存款”科目。在建工程竣工交付使用时，借记“固定资产”等科目，贷记“在建工程”科目，同时，将用于形成固定资产的育林基金作为国家投资，在实收资本中单独反映，借记本科目，贷记“资本公积——育林基金转入”科目。

c. 人工林工程项目完成验收合格后，将用于形成人工林的育林基金转作国家投资，在林木资产中单独反映，借记本科目，贷记“资本公积——育林基金转入”科目。

d. 企业用于非工程项目的支出，借记“农业生产成本”科目，贷记“银行存款”科目，年末编制决算报同级地方财政部门审核批准后核销时，借记本科目，贷记“农业生产成本”科目。

本科目的期末贷方余额反映未使用的育林基金。

②“其他应交款——育林基金”科目　本科目用来核算育林基金的提存、征收、解缴和使用情况以及营林企业应结转上交上级林业主管部门的育林基金，及其上交情况。

a. 销售木竹产品提存的育林基金，借记“主营业务成本——育林基金”科目，贷记本科目；征收的育林基金，借记“银行存款”科目，贷记本科目。

b. 结转应交上级林业主管部门的育林基金，借记本科目，贷记“银行存款”科目。

c. 用于营林生产的育林基金，应于结转林木资产时，借记“消耗性生物资产”或“生产性生物资产”“公益性生物资产”科目，贷记“农业生产成本”科目，同时，将育林基金转入资本公积，借记“其他应交款——育林基金”科目，贷记“资本公积——育林基金转入”科目。

d. 用于营林设施等固定资产项目的育林基金，应于财产交付使用时，借记“固定资产”科目，贷记“在建工程”等科目。同时，借记本科目，贷记“资本公积——育林基金转入”科目。

e. 发生不形成固定资产和林木资产的费用性育林基金支出，借记本科目，贷记“营林费用”等科目。

f. 各期计算出应交县级以上地方林业主管部门的育林基金，借记“育林基金”科目，贷记本科目。上交时，借记本科目，贷记“银行存款”科目。营林企业各期计算留存的育林基金，借记“其他应交款——育林基金”科目，贷记“专项应付款——育林基金”科目。

本科目的期末贷方余额反映应上交而暂未上交的育林基金数额和育林基金的结余额。

（2）会计核算业务举例

【例5-9】某林业有限责任公司2019年12月10日销售杉原木500立方米，每立方米900元，销售总价为450 000元。该省的育林基金征收标准为按林木产品销售收入的10%计征，增值税税率13%，育林基金实行省、县（市）、场三级分成，比例为10%、20%、70%。则公司应计的育林基金为45 000元，其中应上交省县30%、企业留70%。

① 销售杉木时，会计分录为

借：银行存款　　508 500

　　贷：主营业务收入　　450 000

　　　　应交税费——应交增值税（销项税）　　58 500

② 按销售价格的10%计征育林基金时，会计分录为

借：主营业务成本——育林基金　　45 000

　　贷：其他应交款——育林基金　　45 000

③ 上交上级林业主管部门30%的育林基金时

借：其他应交款——育林基金　　13 500

　　贷：育林基金　　13 500

④ 营林企业留存的70%育林基金转入专项应付款科目31 500元

借：其他应交款——育林基金　　31 500

　　贷：专项应付款——育林基金　　31 500

【例5-10】某林业有限责任公司2019年12月31日结转全年用育林基金安排营林生产的费用共600 000元。

① 当期发生营林生产费用时

借：农业生产成本——营林生产成本　　600 000

　　贷：银行存款　　600 000

② 年末结转林木资产时

借：消耗性生物资产　　600 000

　　贷：农业生产成本——营林生产成本　　600 000

③ 同时将育林基金转作资本公积

借：专项应付款——育林基金　　600 000

　　贷：资本公积——育林基金转入　　600 000

【例5-11】某林业有限责任公司2019年12月31日结转用育林基金建造

的营林设施，其中发生的形成固定资产的建造成本230 000元，不形成固定资产的营林费用150 000元。

① 当期发生建造营林设施和营林费用时，会计分录为

借：在建工程——××设施　　230 000

　　营林费用　　150 000

　　贷：银行存款　　380 000

② 年末结转形成固定资产的营林设施的建造成本，并将该设施交付使用部门时，会计分录为

借：固定资产　　230 000

　　贷：在建工程——××设施　　230 000

同时，

借：专项应付款——育林基金　　230 000

　　贷：资本公积——育林基金转入　　230 000

③ 结转不形成固定资产的营林费用时

借：专项应付款——育林基金　　150 000

　　贷：营林费用　　150 000

## 三、林业重点生态工程建设资金的核算

### 1. 林业重点生态工程建设资金概述

林业重点生态工程建设资金是指国家为保护森林资源，促进生态安全，由中央财政和地方财政安排的专项用于经国家批准的天然林资源保护工程、退耕还林工程、三北和长江中下游等防护林体系建设工程、京津风沙源治理工程、野生动植物保护及自然保护区建设工程、速生丰产用材林基地建设工程、森林公园建设、重点火险区综合治理等重点生态工程建设项目的资金。林业重点生态工程项目支出划分为天然林资源保护工程支出、退耕还林工程支出等林业重点生态工程及其他林业工程支出。工程项目包括人工造林、飞播造林、封山育林、人工促进天然更新、种苗设备设施、营林道路、防火设备设施、科技支撑和病虫害防治、保护区建设等。

## 2. 天然林资源保护工程财政资金的核算

【例5-12】某林业有限责任公司2019年3月2日收到省财政厅拨入的天然林资源保护工程经费120万元。

借：银行存款 1 200 000

贷：专项应付款——天然林资源保护工程资金 1 200 000

【例5-13】某林业有限责任公司2019年4月2日支付天然林资源保护工程作业设计费5万元。

借：营林费用——天然林资源保护工程作业设计费 50 000

贷：银行存款 50 000

【例5-14】某林业有限责任公司2019年4月12日计算人员工资12万元。

借：农业生产成本——人工费——天然林资源保护工程支出 120 000

贷：应付职工薪酬 120 000

【例5-15】某林业有限责任公司2019年4月13日领用材料6万元。

借：农业生产成本——材料费——天然林资源保护工程支出 60 000

贷：原材料 60 000

【例5-16】某林业有限责任公司2019年4月30日将4月2日支付的天然林资源保护工程作业设计费50 000元转入天然林自然保护工程支出。

借：农业生产成本——其他费用——天然林资源保护工程支出 50 000

贷：营林费用——天然林资源保护工程作业设计费 50 000

【例5-17】某林业有限责任公司2019年5月13日预提天然林保险费用2万元。

借：农业生产成本——其他费用——天然林资源保护工程支出 20 000

贷：长期待摊费用——预提保险费 20 000

【例5-18】某林业有限责任公司2019年12月25日对天然林资源保护工程项目进行验收，结转发生的支出形成资产部分160万元，不能形成资产应予核销的部分36万元。

① 形成资产部分160万元

借：公益性生物资产——天然林 1 600 000

贷：农业生产成本——天然林资源保护工程支出 1 600 000

借：专项应付款——天然林资源保护工程资金 1 600 000

贷：资本公积——天然林资源保护工程资金转入　　1 600 000
② 不能形成资产应予核销的部分36万元
借：专项应付款——天然林资源保护工程资金　　360 000
贷：农业生产成本——天然林资源保护工程支出　　360 000

3. 其他林业重点建设资金的核算

其他林业重点建设资金的核算可参照天然林资源保护工程财政资金的核算。

# 第六节　经济林采收成本核算

## 一、经济林成本核算概述

1. 经济林核算的特点

经济林，又称特种经济林。经济林是以生产果品、油料、工业原料和药材、树叶等产品为主要目的的林木，如以生产苹果、山楂、核桃、油茶、橡胶、桑叶等产品为目的的果树和林木。

经营经济林具有不同于用材林和公益林的特点，具体表现为以下几个方面。

① 经营目的不同　经济林的经营目的是为了生产各种果品、油料或为其他林产品提供生产基地。因此，营造经济林必须要考虑市场需求和价格变动等因素，进行投资预算和经济效益测算等，经过充分的可行性认证后，方能营造。

② 生产工艺不同　经济林的生产工艺要求标准更高，集约经营程度高。因此，营造经济林比一般更新造林核算项目多，作业次数多，经济业务发生频繁。

③ 配套设施齐全。

④ 投入产出核算的特殊性　经济林一般3～5年可达到生产经营目的，然后进入采收期，即一次性种植，多年管理，多年收益。因此，必须高度重视经济林的抚育管理，正确归集经济林的培育成本和林产品采收期间的生产费用，合理摊销经济林的培育成本，正确计算林木产品成本。

⑤ 资金渠道不一　营造经济林，有的是企业营林部门营造，其资金来源于育林基金；有的是多种经营生产单位营造，其资金来源于自有资金、集资或贷款；有的则是个人出资营造。需根据不同的资金来源，正确组织经济林的培育

成本核算，以及收益分配的核算等。

2. 经济林成本核算办法

经济林作为生产性生物资产核算和管理，其营造培育支出在“生产性生物资产——未成熟生产性生物资产”科目核算，到经济林采收时列转“生产性生物资产——成熟生产性生物资产”科目。在经济林采收期间，按采收期计提经济林折旧。经济林报废时，比照消耗性生物资产处置处理。

## 二、经济林产品成本核算

以果树种植为例。

以果树业为主的企业，应按每种果树产品为核算对象，分别计算其产品成本。果树开采期间的抚育管理成本计入果品产品成本，共同性生产费用应按受益对象进行分配，在果树行间种蔬菜或其他作物所发生的费用，应由蔬菜或其他作物的产品负担。

由于果树的果品成熟的时间不同，因而同类果树的果品收获期也不一样。总收获量一直要到果品全部收获完毕才能确定。果树产品的大小及质量有很大的差异，所以在出售前必须按一定的标准对果品进行分级。因此，果树产品的总成本还需要按比率法在各级产品间进行分配。

**【例5-19】**某林场生产国光苹果，上年转入的产品成本10 000元，本年发生的生产费用及有关账务处理如下。

① 施肥和灭虫投入化肥和农药2 000元，发生人工费用9 200元。

| | | |
|---|---|---|
| 借：农业生产成本——苹果 | 11 200 | |
| 贷：原材料 | | 2 000 |
| 应付职工薪酬 | | 9 200 |

② 浇水、除草和剪枝等支出材料费1 000元，发生人工工资4 560元。

| | | |
|---|---|---|
| 借：农业生产成本——苹果 | 5 560 | |
| 贷：原材料 | | 1 000 |
| 应付职工薪酬 | | 4 560 |

③ 采摘苹果支出人工费1 140元，领用苹果筐400元。

| | | |
|---|---|---|
| 借：农业生产成本——苹果 | 1 540 | |
| 贷：原材料 | | 400 |

应付职工薪酬　　1 140

④ 提取苹果树累计折耗3 000元。

借：农业生产成本——苹果　　3 000

贷：生产性生物资产累计折旧　　3 000

⑤ 分配制造费用1 000元。

借：农业生产成本——苹果　　1 000

贷：制造费用　　1 000

⑥ 计算产品成本。

本年产品应负担的费用＝10 000+11 200+5 560+1 540+3 000+1 000＝32 300元。

本年采摘苹果13 450千克，其中一级品4 000千克、二级品8 000千克、三级品750千克、等外品700千克。一级品批发价2.80元，二级品批发价2.60元，三级品批发价2.40元，等外品批发价2.20元，计算各等级品成本。

a. 按售价计算分配系数，求得标准产量

一级品批发价2.80元，系数1，标准产量4 000千克

二级品批发价2.60元，系数0.928 6，标准产量7 428.8千克

三级品批发价2.40元，系数0.857 1，标准产量643千克

等外品批发价2.20元，系数0.785 7，标准产量550千克

b. 计算分配率

$$\frac{32\,300}{4\,000+7\,428.8+643+550}=\frac{32\,300}{12\,621.8}=2.56$$

c. 计算各级品成本

一级品2.56×4 000＝10 240元，单位成本2.56元

二级品2.56×7 437.5＝19 016元，单位成本2.38元

三级品2.56×643＝1 646元，单位成本2.20元

等外品2.56×550＝1 408元，单位成本2.00元

**【例5-20】**硕丰林场栽培的苹果林，2019年发生实际费用150 000元，当年的副产品价值6 000元。生产一级品5 000千克，二级品15 000千克，三级品25 000千克，等外品20 000千克。各等级计划成本分别为6元、4元、2元和1元。编制苹果成本计算表如表5-15所示。

表5-15　苹果成本计算表

| 品级 | 产量/千克 | 计划成本 | | 分配率/% | 实际成本 | |
|---|---|---|---|---|---|---|
| | | 单位成本/（元/千克） | 总成本/元 | | 单位成本/（元/千克） | 总成本/元 |
| 一级品 | 5 000 | 6 | 30 000 | | 5.4 | 27 000 |
| 二级品 | 15 000 | 4 | 60 000 | | 3.6 | 54 000 |
| 三级品 | 25 000 | 2 | 50 000 | | 1.8 | 45 000 |
| 等外品 | 20 000 | 1 | 20 000 | | 0.9 | 18 000 |
| 合计 | — | — | 160 000 | 90 | — | 144 000 |

各等级苹果的实际总成本＝150 000−6 000＝144 000（元）

各等级苹果的计划总成本＝（5 000×6）+（15 000×4）+（25 000×2）+（20 000×1）

＝160 000（元）

$$苹果实际成本分配率=\frac{144\,000}{160\,000}\times 100\%=90\%$$

# 第七节　公益林管护成本核算

## 一、公益林核算的特点

公益林是以满足国土安全和改善生态环境的公益事业需要为主的林木，公益林包括水源涵养林、水土保持林、防风固沙林、沿海防护林和农场牧场保护林，以及实验林、风景林、名胜古迹和革命圣地的林木等特种用途林。公益林经营的最终目标是发挥最大的生态效益和社会效益、促进社会经济的可持续发展，为人类创造最佳的生态环境。

在商品经济条件下，公益林也具有价值和使用价值的双重属性。一般情况下，只要生产者的产品能够被社会承认，经济补偿也就能实现。只有实现经济补偿，再生产才能得以进行。对于一般商品来说，生产者通过市场让渡商品的使用价值而取得与该商品价值相符的收入，生产者的经济补偿得以实现，同时，还有一定的剩余价值实现。但公益林使用价值的让渡却具有特殊性。公益林生产的多种公益功能，即其产品，虽然是具有巨大的生态效益和社会效益，但这种功能中凝结的一般无差别的人类劳动不明确，无法准确计量和反映。特别是公益林生产的功能（产品），企业没有驾驭它的能力和手段，其功能（产品）每时每刻都在自然产出，社会各方无需买入即可使用这种产品，公益林生产的具有经济上的正外部性的产品，至今尚不能通过市场进行流通，完成交换行为。

公益林这种特殊商品的价值量的计算是一项十分复杂的工作，目前，世界上有许多国家在进行这方面的研究和探讨，但至今还没有成熟的经验。公益林的计价，建议应根据公益林核算的特点，对投入公益林的社会必要劳动进行计价，核算公益林的生产成本，进行资产化核算和管理，应严格公益林的日常管护成本核算。

## 二、公益林工程项目的核算

天然林资源保护工程公益林项目建设资金的来源是国家预算内基本建设拨款。《天然林资源保护工程公益林项目会计核算办法（试行）》要求项目单位财务管理和会计核算的原则是：单独设账、专项管理、单独核算、单独开户、专款专用、专户存储，规定了全国统一的核算项目和会计核算办法，以下内容根据《企业会计准则第5号——生物资产》的有关规定，对天然林资源保护工程公益林项目的经营企业的会计核算进行了修订。

1. 项目单位

① 项目单位收到国家拨入公益林项目本年国债专项资金拨款及地方配套资金拨款。

借：银行存款——本年国债专项资金拨款户

——地方配套资金拨款户

贷：专项应付款——本年国债专项资金拨款

——地方配套资金拨款

② 项目单位拨付所属单位公益林项目建设资金，分别由本年国债专项资金拨款户和地方配套资金拨款户付出。

借：拨付所属公益林资金——某林场

贷：银行存款——本年国债专项资金拨款户

——地方配套资金拨款户

③ 所属单位通过项目单位在企业物资供应部门领用材料。

借：拨付所属公益林资金——某林场

　　贷：原材料

④ 以银行存款归还材料供应商的材料款，分别由本年国债专项资金拨款户和地方配套资金拨款户支付。

借：应付账款

　　贷：银行存款——本年国债专项资金拨款户

　　　　　　　　——地方配套资金拨款户

⑤ 收到银行存款利息收入。

借：银行存款——本年国债专项资金拨款户

　　　　　　——地方配套资金拨款户

　　贷：财务费用

⑥ 所属单位结转公益林项目建设支出。

借：农业生产成本——公益林生产成本——××项目

　　　　　　　　　　　　　　　　　——××项目

　　在建工程——

　　贷：拨付所属公益林资金

⑦ 结转公益林支出

a.结转形成资产的工程支出

借：公益性生物资产——人工造林

　　固定资产——

　　贷：农业生产成本——公益林生产成本——××项目

　　　　在建工程——

b.结转除人工造林外形成资产的支出

借：公益性生物资产——飞播造林

　　　　　　　　　——封山育林

　　贷：农业生产成本——公益林生产成本——××项目

⑧ 营林企业根据决算批复，项目单位将公益林项目完成所形成各项资产部分的项目资金转入资本公积。

借：专项应付款

　　贷：资本公积——拨款转入

2. 所属单位

① 所属单位发生公益林项目调查工资。

借：农业生产成本——公益林生产成本——××项目

贷：应付职工薪酬

② 所属单位收到公益林项目资金。

借：银行存款（或库存现金）

贷：上级拨入公益林资金

③ 所属单位以现金购买材料，直接用于公益林项目。

借：农业生产成本——公益林生产成本——××项目

贷：库存现金

④ 所属单位以现金购买种子。

借：原材料

贷：库存现金

⑤ 所属单位发生固定资产变价收入。

借：银行存款

贷：营业外收入——固定资产变价收入

⑥ 所属单位以银行存款支付营林道路工程款、购置苗圃设备、购置防火设备等。

借：在建工程——

贷：银行存款

⑦ 所属单位根据生产验收单、劳动定额计算工资。

借：农业生产成本——公益林生产成本——××项目

贷：应付职工薪酬

⑧ 所属单位按规定扣职工造林质量保证金。

借：应付职工薪酬

贷：其他应付款——职工造林质量保证金

⑨ 所属单位公益林项目各产量已经项目单位验收合格。营林道路、苗圃设备、苗圃改土及施肥、防火设备设施等已办妥竣工验收。根据验收单将公益林项目建设支出转项目单位。

借：公益性生物资产——

固定资产——

贷：农业生产成本——公益林生产成本——××项目

在建工程——

借：专项应付款

贷：资本公积——拨款转入

## 三、公益林会计的核算

目前，由于我国对公益林的调节机制还没有正式建立起来，在现实工作中没有对公益林的价值进行科学的评估，所以并没有对公益林给予应有的经济补偿。因此，公益型林业单位多采取事业单位的预算会计核算组织形式，在账面上只有投入，而没有产出。在具体会计核算形式上，很少有经营收入或没有经营收入的单位一般采取全额拨款的形式；对于有部分经营收入的单位采取差额拨款的形式；对于有经营收入的单位采取自收自支的预算管理办法。

公益型林业单位虽然以国家拨款和社会投资为主，但作为营林企业的重要组成部分，有别于森林资源调查、森林病虫害防治和林业科技推广等林业事业单位，是以公益林为劳动对象，而公益林又是公益性生物资产（林木资产）的组成部分。因此，公益型林业单位也应改革传统的预算制的会计核算方法，采取生产型的林业会计核算方法，严格成本费用核算和管理，核算完整的公益林生产成本，形成公益林和商品林有机结合的完整的林木资产核算体系。

### 实训案例

1. 某林业有限责任公司2019年12月1日收到上级拨入的某项目育林基金200 000元。

2. 某林业有限责任公司将2019年12月6日育林基金专项资金安排的非工程项目支出30 000元，于2019年12月31日编制决算报同级财政部门，并于2020年5月15日经财政部门审核批准，同意核销。

3. 某林业有限责任公司2015年用育林基金造林专项资金营造的1 860 000元人工杉木林，于2019年12月31日验收合格，予以结转。

4. 某林业有限责任公司2019年12月3日用上级拨入的育林基金建造森林防火哨所，建造成本136 000元（其中工程物资100 000元，建筑工人工资等36 000元）。

微信扫码
解密答案

5. 某林业有限责任公司2019年12月13日将采伐的杉木原木100立方米，成本价为36 000元，准备留场继续加工，按规定计算育林基金。同期同规格的杉木原木销售单价为890元/立方米。

# 农民专业合作社会计

农民专业合作社是我国农村发展中重要的农业产业组织形式之一，是推进农副业经营方式转变的有效形式。农民专业合作社的发展加快了农民致富的步伐，给农村经济发展注入了活力，受到各级政府的重视和农民的普遍欢迎。但是，由于各方面原因和条件的限制，农民专业合作社的会计核算工作仍然处于相对滞后的状态，虽然国家早在2007年就出台了《农民专业合作社财务会计制度》，但并没有被广大合作社熟练掌握和应用。本章主要介绍农民专业合作社的特点，农民专业合作社主要经济业务的核算和处理方法，以及会计报表编制的相关内容，希望能被农民专业合作社的会计应用且得到推广和普及。

## 第一节 概述

### 一、农民专业合作社的概念、性质及遵循的原则

（1）农民专业合作社，是指在农村家庭承包经营基础上，农产品的生产经营者或者农业生产经营服务的提供者、利用者，自愿联合、民主管理的互助性经济组织。

农民专业合作社以其成员为主要服务对象，开展以下一种或者多种业务：

① 农业生产资料的购买、使用；

② 农产品的生产、销售、加工、运输、贮藏及其他相关服务；

③ 农村民间工艺及制品、休闲农业和乡村旅游资源的开发经营等；

④ 与农业生产经营有关的技术、信息、设施建设运营等服务。

农民专业合作社的定义不包括农村地区现有的信用合作社、供销社和村集体经济组织。

（2）农民专业合作社的一大重要特点就是对内以服务成员为宗旨，不以盈利为目的，对外则与其他市场主体一样，讲究经营效率，追求经济利益。这种特殊的组织形式不同于其他任何市场主体，既不同于非营利性的社团法人，也不同于营利性的企业法人。

（3）农民专业合作社应当遵循的原则

① 成员以农民为主体；

② 以服务成员为宗旨，谋求全体成员的共同利益；

③ 入社自愿、退社自由；

④ 成员地位平等，实行民主管理；

⑤ 盈余主要按照成员与农民专业合作社的交易量（额）比例返还。

农民专业合作社依照法律登记，取得法人资格。农民专业合作社对由成员出资、公积金、国家财政直接补助、他人捐赠以及合法取得的其他资产所形成的财产，享有占有、使用和处分的权利，并以上述财产对债务承担责任。农民专业合作社成员以其账户内记载的出资额和公积金份额为限对农民专业合作社承担责任。

农民专业合作社为扩大生产经营和服务的规模，发展产业化经营，提高市场竞争力，可以依法自愿设立或者加入农民专业合作社联合社。

## 二、设立农民专业合作社应具备的条件

2006年10月，十届全国人大常委会通过了《中华人民共和国农民专业合作社法》（简称《农民专业合作社法》），2017年12月27日第十二届全国人民代表大会常务委员会第三十一次会议修订。《农民专业合作社法》规定了成立农民专业合作社应具备的条件如下。

① 有五名以上符合规定的成员，即具有民事行为能力的公民，以及从事与农民专业合作社业务直接有关的生产经营活动的企业、事业单位或者社会团体，能够利用农民专业合作社提供的服务，承认并遵守农民专业合作社章程，履行章程规定的入社手续的，可以成为农民专业合作社的成员。但是，具有管理公共事务职能的单位不得加入农民专业合作社。

农民专业合作社应当置备成员名册，并报登记机关。农民专业合作社的成员中，农民至少应当占成员总数的百分之八十。成员总数二十人以下的，可以有一个企业、事业单位或者社会团体成员；成员总数超过二十人的，企业、事

业单位和社会团体成员不得超过成员总数的百分之五。

② 有符合本法规定的章程。

③ 有符合本法规定的组织机构。

④ 有符合法律、行政法规规定的名称和章程确定的住所。

⑤ 有符合章程规定的成员出资。

## 三、农民专业合作社会计制度

2007年国家出台了《农民专业合作社财务会计制度（试行）》（以下简称《制度》），从2008年1月1日起施行。按此制度规定各个合作社都应设置和使用会计科目，登记会计账簿（注：一般设立总账、现金日记账、银行存款日记账、产品物资账、固定资产账、经营收支账、应收应付账或成员往来账），编制会计报表。其中，会计核算采用权责发生制，会计记账方法采用借贷记账法。

合作社会计信息应定期、及时地向本合作社成员公开，接受成员的监督；财政部门依照《会计法》规定职责，对合作社的会计工作进行管理和监督；农村经营管理部门依照《农民专业合作社法》和相关法规政策等，对合作社会计工作进行指导和监督。

农民专业合作社会计制度力求简化，方便执行，内容主要集中在现阶段农民专业合作社常见的业务和交易上，对不常见的业务和交易采用合并、简化等处理方法。根据《农民专业合作社财务会计制度（试行）》的要求，目前共设置37个一级科目，并为极少数可能涉及特殊的合作社设置4个特殊科目。日常核算中主要科目如表6-1所示。

**表6-1　会计科目表**

| 顺序号 | 科目编号 | 科目名称 | 顺序号 | 科目编号 | 科目名称 |
|---|---|---|---|---|---|
| 一、资产类 | | | 7 | 125 | 委托代销商品 |
| 1 | 101 | 库存现金 | 8 | 127 | 受托代购商品 |
| 2 | 102 | 银行存款 | 9 | 128 | 受托代销商品 |
| 3 | 113 | 应收款 | 10 | 131 | 对外投资 |
| 4 | 114 | 成员往来 | 11 | 141 | 牲畜（禽）资产 |
| 5 | 121 | 产品物资 | 12 | 142 | 林木资产 |
| 6 | 124 | 委托加工物资 | 13 | 151 | 固定资产 |

续表

| 顺序号 | 科目编号 | 科目名称 | 顺序号 | 科目编号 | 科目名称 |
|---|---|---|---|---|---|
| 14 | 152 | 累计折旧 | 26 | 311 | 专项基金 |
| 15 | 153 | 在建工程 | 27 | 321 | 资本公积 |
| 16 | 154 | 固定资产清理 | 28 | 322 | 盈余公积 |
| 17 | 161 | 无形资产 | 29 | 331 | 本年盈余 |
| 二、负债类 | | | 30 | 332 | 盈余分配 |
| 18 | 201 | 短期借款 | 四、成本类 | | |
| 19 | 211 | 应付款 | 31 | 401 | 生产成本 |
| 20 | 212 | 应付工资 | 五、损益类 | | |
| 21 | 221 | 应付盈余返还 | 32 | 501 | 经营收入 |
| 22 | 222 | 应付剩余盈余 | 33 | 502 | 其他收入 |
| 23 | 231 | 长期借款 | 34 | 511 | 投资收益 |
| 24 | 235 | 专项应付款 | 35 | 521 | 经营支出 |
| 三、所有者权益类 | | | 36 | 522 | 管理费用 |
| 25 | 301 | 股金 | 37 | 529 | 其他支出 |

《农民专业合作社财务会计制度（试行）》规定：合作社在经营中涉及使用外埠存款、银行汇票存款、银行本票存款、信用卡存款、信用证保证金存款等各种其他货币资金的，可增设“其他货币资金”科目（科目编号109）；合作社在经营中大量使用包装物，需要单独对其进行核算的，可增设“包装物”科目（科目编号122）；合作社生产经营过程中，有牲畜（禽）资产、林木资产以外的其他农业资产，需要单独对其进行核算的，可增设“其他农业资产”科目（科目编号149），参照“牲畜（禽）资产”“林木资产”进行核算；合作社需要分年摊销相关长期费用的，可增设“长期待摊费用”科目（科目编号171）。

另外，农民专业合作社会计报表新增成员权益变动表及与之配套的成员账户，体现了对外经营、对内服务的特色。报表体系见表6-2。

**表6-2　农民专业合作社会计报表体系**

| 报表名称 | 编报期间 | 编报要求 | 报表编号 |
|---|---|---|---|
| 科目余额表 | 月度/季度 | 月度/季度报表的格式由各省、市、自治区、直辖市的财政部门或农村经营管理部门制定 | |
| 收支明细表 | 月度/季度 | | |
| 资产负债表 | 年度 | 年度报表必须按照《农民专业合作社财务会计制度（试行）》在全国范围内统一格式、统一编号 | 会农社01表 |
| 盈余及盈余分配表 | 年度 | | 会农社02表 |
| 成员权益变动表 | 年度 | | 会农社03表 |
| 各类内部管理报表 | 不定期 | 各村集体经济组织根据需要自行确定 | |

通过上述内容可以看出，农民专业合作社的会计核算必须分清合作社对内与对外两个层次。作为一种组织形式，合作社对外经济交往时采用的会计核算方法更接近普通企业，更具有业务核算的普遍性、可比性。同时在合作社对内部社员的业务操作上，则体现出更加灵活的“人合与资合兼顾”的特点，更能激发农民的生产积极性。

# 第二节　农民专业合作社资产的核算

农民专业合作社对外是以盈利为目的，属于营利性经济组织，这一点与一般企业相同，因此在核算经济业务时遵循的原则也是相同的，一些通用性较强的科目如“库存现金”“银行存款”等，本书不再介绍。以下就农民专业合作社而言较为特殊的科目和业务进行重点说明。

资产是企业拥有或控制的，预期能为企业带来经济效益的经济资源。合作社的资产分为流动资产、农业资产、对外投资、固定资产和无形资产等。

## 一、流动资产的核算

农民专业合作社的流动资产包括现金、银行存款、应收款项、存货等。

1. 货币资金的核算

【例6-1】绿康合作社以银行存款购买机械零配件，价值3 820元，机械零配件验收入库。

借：产品物资——机械零配件　　3 820

　　贷：银行存款　　3 820

【例6-2】绿康合作社将取得的其他业务收入4 150元存入银行。

借：银行存款　　4 150

　　贷：其他收入　　4 150

【例6-3】绿康合作社以现金购买化肥50吨，单价1 500元，验收入库。

借：产品物资——化肥　　75 000

　　贷：库存现金　　75 000

2. 应收款项的会计核算

合作社的应收款项划分为两类：一是合作社与外部单位和个人发生的应收及暂付款项，为外部应收款，通过“应收款”科目核算；二是合作社与所属单位和社员发生的应收及暂付款项，为内部应收款，通过“成员往来”科目核算。

（1）应收款　“应收款”科目核算合作社与非成员之间发生的各种应收以及暂付款项，包括因销售产品物资、提供劳务应收取的款项以及应收的各种赔款、罚款、利息等。

合作社发生各种应收及暂付款项时，借记“应收款”科目，贷记“经营收入”“库存现金”“银行存款”等科目；收回款项时，贷记“应收款”科目，借记“库存现金”“银行存款”等科目。取得用暂付款购得的产品物资、劳务时，借记“产品物资”等科目，贷记“应收款”科目。对确实无法收回的应收及暂付款项，按规定程序批准核销时，借记“其他支出”科目，贷记“应收款”科目。本科目应按应收及暂付款项的单位和个人设置明细科目，进行明细核算。期末余额在借方，反映合作社尚未收回的应收及暂付款项。

【例6-4】绿康合作社将自产的玉米销售给饲料公司，共计1 500千克（3 000斤），单价2.4元/千克，款项尚未收到。

借：应收款——饲料公司　　3 600

　　贷：经营收入　　3 600

【例6-5】合作社预付给外地商户丁某订购食用菌款项5 000元，签发转账支票一张。后由于特殊原因未能找到丁某，致使预付款无法收回，经批准后核销。

A.支付预付款

借：应收款——丁某　　5 000

　　贷：银行存款　　5 000

B.核销预付款

借：其他支出　　5 000

　　贷：应收款——丁某　　5 000

【例6-6】合作社收到丙单位送来的樱桃树苗，货款共计8 000元，已支付订金2 000元，签发一张6 000元的转账支票。

借：产品物资——樱桃苗　　8 000

　　贷：银行存款　　6 000

　　　　应收款——丙单位　　2 000

（2）成员往来　“成员往来”科目核算合作社与其成员之间发生的经济往来业务，是一个双重性质的账户，既核算合作社与所属单位和社员之间发生的各种应收及暂付款项，也核算合作社与所属单位和社员之间发生的各种应付及暂收款项。

合作社与其成员发生应收及暂付款项和偿还应付及暂收款项时，借记“成员往来”科目，贷记“库存现金”“银行存款”等科目；合作社与其成员发生各种应付及暂收款项和收回应收及暂付款项时，贷记“成员往来”科目，借记“库存现金”“银行存款”等科目。合作社为其成员提供农业生产资料购买服务，按实际支付或应付的款项，借记“成员往来”科目，贷记“库存现金”“银行存款”“应付款”等科目；按为其成员提供农业生产资料购买而应收取的服务费，借记“成员往来”科目，贷记“经营收入”等科目；收到成员给付的农业生产资料购买款项和服务费时，借记“库存现金”“银行存款”等科目，贷记“成员往来”科目。合作社为其成员提供农产品销售服务，收到成员交来的产品时，按合同或协议约定的价格，借记“受托代销商品”等科目，贷记“成员往来”科目。

本科目应按合作社成员名称设置明细科目，进行明细核算。本科目下属各明细科目的期末借方余额合计数反映合作社应收未收及暂付成员的款项总额；期末贷方余额合计数反映合作社应付未付及暂收成员的款项总额。各明细科目年末借方余额合计数应在资产负债表“应收款项”反映；年末贷方余额合计数应在资产负债表“应付款项”反映。

【例6-7】2019年3月5日，大江渔业合作社成员张某向本社借款7 000元，用于临时周转。合作社以银行存款转账支付。

借：成员往来——张某　　7 000
　　贷：银行存款　　7 000

2019年9月5日，合作社收到张某偿还的前借款项7 000元。

借：库存现金　　7 000
　　贷：成员往来——张某　　7 000

【例6-8】2019年5月2日某水果种植专业合作社为本社成员李某提供果树修剪服务，协议服务费1 000元，款项尚未收到。

借：成员往来——李某　　1 000
　　贷：经营收入　　1 000

【例6-9】2019年11月2日，某水果种植专业合作社为其成员李某提供苹果销售服务，收到苹果1000千克，协议约定价款3 200元。

借：受托代销商品——苹果　　3 200
　　贷：成员往来——李某　　3 200

【例6-10】某生猪养殖专业合作社2019年2月5日为本社社员李立提供饲料购买服务，协议价格12 000元。收到李立支付的现金12 000元，合作社当即存入信用社。2019年2月15日该合作社为李立购买饲料，实际价款11 300元，以银行存款支付，饲料验收入库。2019年2月17日，合作社将该批饲料交给李立，并结算收入。

A.收到李立支付现金

借：银行存款　　12 000
　　贷：成员往来——李立　　12 000

B.购买饲料

借：受托代购商品——饲料　　11 300
　　贷：银行存款　　11 300

C.交货并结算

借：成员往来——李立　　12 000
　　贷：受托代购商品——饲料　　11 300
　　　　经营收入——代购收入　　700

3. 存货的核算

农民专业合作社会计制度在处理存货资产的问题上，主要侧重于分清存货的性质。本社自产自用类存货，在“产品物资”科目核算，并根据不同的实物形态分设材料、低值易耗品、包装物、产成品等明细科目。本社委托外单位、个人代加工或代销售的存货，在“委托加工物资”“委托代销商品”科目核算。本社接受成员委托代购、代销的存货，通过“受托代购商品”“受托代销商品”专属科目进行核算。

存货应按下列计价原则计价：购入的物资按照买价加运输费、装卸费等费用，运输途中的合理损耗等计价；受托代购商品视同购入的物资计价；生产入库的农产品和产成品，按生产过程中发生的实际支出计价；委托加工物资验收入库时，按照委托加工物资的成本加上实际支付的全部费用计价；受托代销商品按合同或协议约定的价格计价，出售受托代销商品时，实际收到的价款大于合同或协议约定价格的差额计入经营收入，实际收到的价款小于合同或协议约定价格的差额计入经营支出；委托代销商品按委托代销商品的实际成本计价。领用或出售的出库存货成本的确定，可在“加权平均法”“个别计价法”等方法中任选一种，但一经选定，不得随意变动。

合作社对存货要定期盘点核对，做到账实相符，每年年末必须进行一次全面的盘点清查。盘亏、毁损和报废的存货，按规定程序批准后，按实际成本扣除应由责任人或者保险公司赔偿的金额和残料价值后的余额，计入其他支出。

合作社应当建立健全存货内部控制制度，建立保管人员岗位责任制。存货入库时，保管员清点验收入库，填写入库单；出库时，由保管员填写出库单，主管负责人批准，领用人签名盖章，保管员根据批准后的出库单出库。

（1）产品物资 “产品物资”科目核算合作社库存的各种产品和物资，包括种子、化肥、燃料、农药、原材料、机械零配件、低值易耗品、在产品、农产品、工业产成品等。按产品物资品名设置明细科目，进行明细核算。合作社购入并已验收入库的产品物资，按实际支付或应支付的价款，借记“产品物资”科目，贷记“库存现金”“银行存款”“成员往来”“应付款”等科目。合作社生产完工以及委托外单位加工完成并已验收入库的产品物资，按实际成本，借记“产品物资”科目，贷记“生产成本”“委托加工物资”等科目。产品物资销售时，按实现的销售收入，借记“库存现金”“银行存款”“应收款”等科目，贷记“经营收入”科目；按销售产品物资的实际成本，借记“经营支出”科目，贷记“产品物资”科目。产品物资领用时，借记“生产成本”“在建工程”“管理费用”等科目，贷记“产品物资”科目。合作社的产品物资应当定期清查盘点。盘亏和毁损产品物资，经审核批准后，按照责任人和保险公司赔偿的金额，借记“成员往来”“应收款”等科目，按责任人或保险公司赔偿金额后的净损失，借记“其他支出”科目，按盘亏和毁损产品物资的账面余额，贷记“产品物资”科目。本科目期末借方余额，反映合作社库存产品物资的实际成本。

**【例6-11】**2019年5月10日，某蜂业合作社为加工蜂蜜饮料，发生下列业务：

① 从生产资料公司购进辅助材料一批，发票注明价款7 000元，已验收入库，货款待结算。

借：产品物资——辅助材料　　7 000

　　贷：应付款——某生产资料公司　　7 000

② 加工蜂蜜饮料，领用蜂蜜1 000千克，单价10元，领用辅助材料价值2 000元。

借：生产成本——蜂蜜饮料　　12 000

　　贷：产品物资——蜂蜜材料　　10 000

　　　　　　　　——辅助材料　　2 000

③ 生产车间将蜂蜜加工成饮料，当月共加工饮料10 000瓶，单位成本20元，验收入库，共计200 000元。

借：产品物资——蜂蜜饮料　　200 000

　　贷：生产成本——蜂蜜饮料　　200 000

④ 对外销售5 000瓶，每瓶售价30元，货款收到。

借：银行存款　　150 000

　　贷：经营收入——蜂蜜饮料　　150 000

⑤ 月底，结转销售商品的成本。

借：经营支出——蜂蜜饮料　　100 000

　　贷：产品物资——蜂蜜饮料　　100 000

（2）委托加工物资　“委托加工物资”科目核算合作社委托外单位加工的各种物资的实际成本。发给外单位加工的物资，按委托加工物资的实际成本，借记“委托加工物资”科目，贷记“产品物资”等科目。按合作社支付该项委托加工的全部费用（加工费、运杂费等），借记“委托加工物资”科目，贷记“库存现金”“银行存款”等科目。加工完成验收入库的物资，按加工收回物资的实际成本和剩余物资的实际成本，借记“产品物资”等科目，贷记“委托加工物资”科目。本科目应按加工合同和受托加工单位等设置明细账，进行明细核算。

本科目期末借方余额，反映合作社委托外单位加工但尚未加工完成物资的实际成本。

【例6-12】蜂业合作社加工蜂蜜饮料，委托外单位进行灌装，发出半成品甲材料50 000元、辅助材料乙10 000元，应负担加工费用5 000元，运输费用1 000元。

① 发出委托加工物资

借：委托加工物资　　60 000

　　贷：产品物资——甲材料　　50 000

　　　　　　　　——乙材料　　10 000

② 支付加工费用

借：委托加工物资　　5 000

　　贷：银行存款　　5 000

③ 支付运杂费

借：委托加工物资　　1 000

　　贷：银行存款　　1 000

④ 收回委托加工物资以备对外销售

借：产品物资　　66 000

　　贷：委托加工物资　　66 000

（3）委托代销商品　“委托代销商品”科目核算合作社委托外单位销售的各种商品的实际成本。借方记录合作社委托代销的商品实际成本，贷方记录合作社结转的已经销售的代销商品的实际成本，期末余额在借方，反映合作社尚未售出的代销商品的实际成本。发给外单位销售的商品时，按委托代销商品的实际成本，借记“委托代销商品”科目，贷记“产品物资”等科目。收到代销单位报来的代销清单时，按应收金额，借记“应收款”科目，按应确认的收入，贷记“经营收入”科目；按应支付的手续费等，借记“经营支出”科目，贷记“应收款”科目；同时，按代销商品的实际成本（或售价），借记“经营支出”等科目，贷记“委托代销商品”科目；收到代销款时，借记“银行存款”等科目，贷记“应收款”科目。本科目应按代销商品或委托单位等设置明细账，进行明细核算。

委托代销商品的核算方式有两种：一是以支付手续费的方式委托代销商品。这种方式下代销商品的所有权属于委托方，受托方按委托方规定的价格出售，受托方只收取手续费。二是视同买断方式的委托代销商品。这种方式下代销商品的所有权属于受托方，受托方可以自行定价销售，委托方按协议价收回货款。

【例6-13】某禽业合作社委托中旺超市销售500箱鸡蛋，每箱鸡蛋成本为40元，协议零售价每箱50元。协议按销售收入的5%作为手续费。

① 发出500箱鸡蛋时，会计分录为

借：委托代销商品——中旺超市　　20 000

　　贷：产品物资——鸡蛋　　20 000

② 收到已销售500箱鸡蛋的清单时

借：应收款——中旺超市　　25 000

　　贷：经营收入　　25 000

③ 结转成本时

借：经营支出　　20 000

　　贷：委托代销商品——中旺超市　　20 000

④ 收到销售款，同时抵付手续费用时

借：银行存款　　23 750

　　经营支出　　1 250

　　贷：应收款——中旺超市　　25 000

【例6-14】某禽业合作社委托中旺超市销售500箱鸡蛋，每箱鸡蛋成本为40元，协议价每箱50元。

① 发出500箱鸡蛋时，会计分录为

借：委托代销商品——中旺超市　　20 000

　　贷：产品物资——鸡蛋　　20 000

② 收到已销售500箱鸡蛋的清单时

借：应收款——中旺超市　　25 000

　　贷：经营收入　　25 000

③ 结转成本时

借：经营支出　　20 000

　　贷：委托代销商品——中旺超市　　20 000

④ 收到销售款时

借：银行存款　　25 000

　　贷：应收款——中旺超市　　25 000

（中旺超市销售收入多少不相关）

（4）受托代销商品 “受托代销商品”科目核算合作社接受委托代销商品的实际成本。合作社收到委托代销商品时，按合同或协议约定的价格，借记“受托代销商品”科目，贷记“成员往来”等科目。合作社售出受托代销商品时，按实际收到的价款，借记“库存现金”“银行存款”等科目，按合同或协议约定的价格，贷记“受托代销商品”科目，如果实际收到的价款大于合同或协议约定的价格，按其差额，贷记“经营收入”等科目；如果实际收到的价款小于合同或协议约定的价格，按其差额，借记“经营支出”等科目。合作社给付委托方代销商品款时，借记“成员往来”等科目，贷记“库存现金”“银行存款”等科目。本科目应按委托代销方设置明细账，进行明细核算，期末借方余额，反映合作社尚未售出的受托代销商品的实际成本。

**【例6-15】**2019年5月12日某生姜产销专业合作社接受本社社员李四委托代销生姜3 000千克，协议价格每千克2.2元，货物售出后结清代销款。合作社当月实现对外销售，每千克售价2.5元，货款已收回存入银行。

① 收到委托代销产品时

借：受托代销商品——李四　　6 600

　贷：成员往来——李四　　6 600

② 售出商品收到货款时

借：银行存款　　7 500

　贷：受托代销商品——李四　　6 600

　　经营收入——代销收入　　900

③ 合作社与委托代销方结算代销款时

借：成员往来——李四　　6 600

　贷：银行存款　　6 600

（5）受托代购商品 “受托代购商品”科目核算合作社接受委托代为采购商品的实际成本。合作社收到受托代购商品款时，借记“库存现金”“银行存款”等科目，贷记“成员往来”等科目。合作社受托采购商品时，按采购商品的实际成本，借记“受托代购商品”科目，贷记“库存现金”“银行存款”“应付款”等科目。合作社将受托代购商品交付给委托方时，按代购商品的实际成本，借记“成员往来”“应付款”等科目，贷记“受托代购商品”科目；如果受托代购商品收取手续费，按应收取的手续费，借记“成员往来”等科目，贷记“经营收入”科目。收到手续费时，借记“库存现金”“银行存款”等科目，贷记“成员往来”等科目。本科目应按委托方设置明细账，进行明细核算，期末借方余额，反映合作社已经采购但尚未交付给委托方的商品的实际成本。

【例6-16】2019年5月19日生猪合作社接受本社成员兴旺生猪公司委托购买饲料。当月用银行存款统一结算，成本每千克1.40元，并将饲料交付兴旺公司。会计分录为

① 当日收到委托款7 500元，存入银行。

借：银行存款　　7 500

　　贷：成员往来——兴旺公司　　7 500

② 2019年5月20日，生猪合作社签发转账支票7 000元，购入饲料5 000千克。

借：受托代购商品——兴旺公司　　7 000

　　贷：银行存款　　7 000

③ 2019年5月21日，将饲料交付委托方，收取服务费400元，并结清款项。

借：成员往来——兴旺公司　　7 500

　　贷：受托代购商品——兴旺公司　　7 000

　　　　经营收入——代购收入　　400

　　　　库存现金　　100

【例6-17】某蔬菜专业合作社，年末进行财产清查发现蔬菜包装盒短缺，价值500元，查明属于意外损坏。经董事会研究决定由责任人外请工人李玲赔偿200元，合作社承担300元。

① 确认损坏时

借：应收款——李玲　　200

　　其他支出——包装盒短缺　　300

　　贷：产品物资——包装盒　　500

② 收到责任人赔偿时

借：库存现金　　200

　　贷：应收款——李玲　　200

## 二、长期资产的核算

农民专业合作社的长期资产包括对外投资、农业资产、固定资产、无形资产及其他资产。

1. 对外投资

农民专业合作社根据国家法律、法规规定，可以采用货币资金、实物资产、无形资产等对外投资。

“对外投资”科目核算合作社持有的各种对外投资，包括股票投资、债券投资和合作社兴办企业等投资。本科目应按对外投资的种类设置明细科目，进行明细核算，期末借方余额，反映合作社对外投资的实际成本。

合作社以现金或实物资产（含牲畜和林木）等方式进行对外投资时，按照实际支付的价款或合同、协议确定的价值，借记“对外投资”科目，贷记“库存现金”“银行存款”等科目，合同或协议约定的实物资产价值与原账面余额之间的差额，借记或贷记“资本公积”科目。

收回投资时，按实际收回的价款或价值，借记“库存现金”“银行存款”等科目，按投资的账面余额，贷记“对外投资”科目，实际收回的价款或价值与账面余额的差额，借记或贷记“投资收益”科目。

被投资单位宣告分配现金股利或利润时，借记“应收款”等科目，贷记“投资收益”等科目；实际收到现金股利或利润时，借记“库存现金”“银行存款”等科目，贷记“应收款”科目；获得股票股利时，不作账务处理，但应在备查簿中登记所增加的股份。

投资发生损失时，按规定程序批准后，按照应由责任人和保险公司赔偿的金额，借记“应收款”“成员往来”等科目，按照扣除由责任人和保险公司赔偿的金额后的净损失，借记“投资收益”科目，按照发生损失对外投资的账面余额，贷记“对外投资”科目。

**【例6-18】**某畜禽养殖专业合作社，经社员代表大会决议通过，以银行存款向本乡民俗旅游公司投资100 000元，双方协议约定：乡民俗旅游公司按投资额的3%支付股息，每年年末一次支付，不计复利。该畜禽养殖专业合作社支付投资款时，应编制会计分录如下。

借：对外投资——乡民俗旅游公司　　100 000

　　贷：银行存款　　100 000

**【例6-19】**某畜禽养殖专业合作社年终结算，收到被投资企业本乡民俗旅游公司分配股利结算单，合作社应得股利3 000元，乡民俗旅游公司尚未支付。

借：应收款——乡民俗旅游公司　　3 000

　　贷：投资收益——股息收入　　3 000

【例6-20】某牛奶专业合作社以取奶机对乡奶牛厂进行联营投资，期限2年，该取奶机账面原值20 000元，已提折旧9 000元，经评估确定其价值为15 000元。

（1）确认对外投资价值

借：对外投资——其他投资　　15 000
　　累计折旧　　9 000
　　贷：固定资产——取奶机　　20 000
　　　　资本公积　　4 000

（2）两年后合作社收回这台取奶机，计算应提折旧为12 000元

借：固定资产——取奶机　　20 000
　　投资收益　　7 000
　　贷：累计折旧　　12 000
　　　　对外投资——其他投资　　15 000

【例6-21】经批准，某合作社将资本公积30 000元转增股金。

借：资本公积　　30 000
　　贷：股金　　30 000

2. 农业资产

农民专业合作社的农业资产是指具有生命特征的资产，包括牲畜（禽）资产和林木资产等。农业资产的价值构成与其他资产的价值构成有明显差别，主要体现在生物的成长会使农业资产的价值增加。

农业资产一般按以下三种方法计价：①原始价值，指合作社购入农业资产的买价及支付相关税费的总额。按实际发生并有支付凭证的支出确认。如果是自产幼畜，则为繁育期间的生产成本。②饲养价值和培植价值，饲养价值是指幼畜及育肥畜成龄前发生的饲养费用；培植价值是指经济林木投产前及非经济林木郁闭前发生的培植费用。③摊余价值，指农业资产的原始价值加饲养价值或培植价值减去农业资产的累计摊销后的余额。摊余价值反映农业资产的现有价值。

农业资产具有特殊的生物性，其价值随着生物的出生、成长、衰老、死亡等自然规律和生产经营活动不断变化。为适应这一特点，《农民专业合作社财务会计制度（试行）》规定了农业资产按下列原则计价：①购入的农业资产按照购买价及相关税费等计价；②幼畜及育肥畜的饲养费用、经济林木投产前的培植

费用、非经济林木郁闭前的培植费用按实际成本计入相关资产成本；③产役畜、经济林木投产后，应将其成本扣除预计残值后的部分在其正常生产周期内按直线法分期摊销，预计净残值率按照产役畜、经济林木成本的5%确定，已提足折耗但未处理仍继续使用的产役畜、经济林木不再摊销；④农业资产死亡毁损时，按规定程序批准后，按实际成本扣除应由责任人或者保险公司赔偿的金额后的差额，计入其他收支。合作社其他农业资产，可比照牲畜（禽）资产和林木资产的计价原则处理。

（1）牲畜（禽）资产　牲畜（禽）资产是指农民专业合作社农业资产中的动物资产，主要有幼畜及育肥畜和产役畜（包括特种水产）等。为全面反映和监督农民专业合作社牲畜（禽）资产的情况，应设置“牲畜（禽）资产”科目。本科目应设置“幼畜及育肥畜”和“产役畜”两个二级科目，按牲畜（禽）的种类设置三级明细科目，进行明细核算。借方记录增加牲畜（禽）资产的成本和发生的幼畜及育肥畜的饲养费用，贷方记录减少牲畜（禽）资产的成本，以及产畜和役畜的推销成本，期末借方余额，反映合作社幼畜及育肥畜和产役畜牲畜（禽）资产的账面余额。

合作社牲畜（禽）资产的增加途径有外购、自产自繁、成员投入、政府无偿拨给和接受捐赠等。合作社购入牲畜（禽）资产时，按购买价及相关税费，借记本科目，贷记“库存现金”“银行存款”“应付款”等科目；接受成员投入牲畜（禽）资产时，按合同、协议价借记“牲畜（禽）资产”，按成员大会决定的注册资本的份额，贷记“股金”，二者之间的差额借记或贷记“资本公积”；合作社接受政府无偿拨给或他人捐赠的牲畜（禽）资产时，按拨入价或评估确认价值借记“牲畜（禽）资产”，贷记“专项基金”。

发生幼畜及育肥畜的饲养费用时，借记“牲畜（禽）资产——幼畜及育肥畜”，贷记“应付工资”“产品物资”等科目。幼畜成龄转作产役畜时，按实际成本，借记“牲畜（禽）资产——产役畜”，贷记本科目“牲畜（禽）资产——幼畜及育肥畜”。产役畜的饲养费用不再记入牲畜（禽）资产的成本，应借记“经营支出”科目，贷记“应付工资”“产品物资”等科目。产役畜的成本扣除预计残值后的部分应在其正常生产周期内，按照直线法分期摊销，预计净残值率5%，摊销的价值借记“经营支出”科目，贷记“牲畜（禽）资产——产役畜”。幼畜及育肥畜和产役畜对外销售时，按照实现的销售收入，借记“库存现金”“银行存款”“应收款”等科目，贷记“经营收入”科目；同时，按照销售牲畜的实际成本，借记“经营支出”科目，贷记“牲畜（禽）资产”。以牲畜（禽）资产对外投资时，按照合同、协议确定的价值，借记“对外投资”科目，贷记“牲畜（禽）资产”，合同或协议确定的价值与牲畜资产账面余额之间的差额，借记或贷记“资本公积”科目。牲畜死亡毁损时，按规定程序批准后，按照过失人及保险公司应赔偿的金额，借记“成员往来”“应收款”科目，如发生净损失，则按照扣除过失人和保险公司应赔偿金额后的净损失，借记“其他支出”科目，按照牲畜资产的账面余额，贷记本科目“牲畜（禽）资产”科目。

**【例6-22】**2018年6月4日，某奶牛养殖专业合作社从养牛场购入幼牛一批，价款5 000元，货款尚未支付。

① 牲畜（禽）资产购入

借：牲畜（禽）资产——幼畜及育肥畜　　5 000

　　贷：应付款——某养牛场　　5 000

② 幼畜及育肥畜饲养　某奶牛养殖专业合作社饲养幼牛本月发生饲养费用21 000元，其中，固定员工工资费用6 000元、饲料费用15 000元。

借：牲畜（禽）资产——幼畜及育肥畜　　21 000

　　贷：应付工资　　6 000

　　　　产品物资——饲料　　15 000

③ 幼畜成龄　2019年7月某奶牛养殖专业合作社饲养的幼牛成龄，转作产畜。饲养期间共发生各项费用75 000元，结转产役畜成本。

借：牲畜（禽）资产——产役畜　　75 000

　　贷：牲畜（禽）资产——幼畜及育肥畜　　75 000

④ 产役畜的饲养　某奶牛养殖专业合作社饲养的产役牛2019年7月共发生饲养费用80 000元，其中，应付固定饲养员工资10 000元、饲料费用65 000元，以现金支付医药费用5 000元。

借：经营支出——饲养费用　　80 000

　　贷：应付工资　　10 000

　　　　产品物资——饲料　　65 000

　　　　库存现金　　5 000

⑤ 产役畜的成本摊销　某奶牛养殖专业合作社成龄奶牛的原始成本120 000元，预计生产期5年，合作社按月摊销奶牛成本，奶牛净残值率为5%。

每年应摊销的金额＝120 000×（1−5%）÷5＝22 800（元）

每月应摊销的金额＝22 800÷12＝1 900（元）

借：经营支出——成本摊销　　1 900

　　贷：牲畜（禽）资产——产役畜　　1 900

⑥ 牲畜（禽）资产的出售　某奶牛养殖专业合作社将一批淘汰奶牛出

售给某肉联厂，售价25 000元，该批奶牛的账面价值20 000元。货款已存银行。

借：银行存款　　25 000

　　贷：经营收入——出售奶牛　　25 000

借：经营支出——出售奶牛　　20 000

　　贷：牲畜（禽）资产——产役畜　　20 000

【例6-23】2019年6月15日，农民李红加入合作社，投入新品种仔猪30只，双方协议价10 000元。全部计入注册资本。

借：牲畜（禽）资产——幼畜及育肥畜　　10 000

　　贷：股金——李红　　10 000

【例6-24】某生猪养殖专业合作社接受政府直接拨入新品种种猪2只，价款10 000元。

借：牲畜（禽）资产——产役畜　　10 000

　　贷：专项基金——政府直接补助　　10 000

【例6-25】某役马养殖专业合作社用10匹役马向阳光生态旅游区投资，该批役马上年1月由幼畜转为役畜，成本为12 000元，已经使役1年，预计尚可使用5年，役马净残值率为5%。双方协议确定的价格为14 000元，役马已经转出。合作社做如下会计处理。

① 计算役马账面价值

役马投资时已摊销成本＝12 000×（1−5%）÷6＝1 900（元）

役马投资时的账面价值＝12 000−1 900＝10 100（元）

协议确定的价格与牲畜资产账面价值之间的差额＝14 000−10 100＝3 900（元）

② 会计分录为

借：对外投资——阳光生态旅游区　　14 000

　　贷：牲畜（禽）资产——产役畜　　10 100

　　　　资本公积——投资差价　　3 900

【例6-26】某生猪养殖专业合作社因饲养员工作疏忽，致使一头幼猪死亡，账面价值为600元，经合作社成员集体研究决定，由饲养员赔偿200元，其余列入其他支出。

借：成员往来——××饲养员　　200

　　其他支出——牲畜死亡　　400

　　贷：牲畜（禽）资产——幼畜及育肥畜　　600

【例6-27】2019年6月15日，某生猪养殖专业合作社向灾区捐赠母猪6头，账面价值6 000元。

借：其他支出　6 000

　　贷：牲畜（禽）资产——产役畜　6 000

（2）林木资产　林木资产是指农民专业合作社农业资产中的植物资产，主要包括经济林木和非经济林木。为全面反映和监督农民专业合作社林木资产的情况，农民专业合作社应设置“林木资产”科目。借方记录林木资产增加的实际成本及经济林木投产前、非经济林木郁闭前的培植费用，贷方记录林木资产减少的成本及经济林木成本的摊销。期末余额在借方，表示林木资产的账面余额。

合作社林木资产增加的核算同牲畜（禽）资产增加的核算，这里不再赘述。

经济林木投产前、非经济林木郁闭前发生的培植费用予以资本化，记入林木资产的成本，经济林木投产后、非经济林木郁闭后发生的管护费用予以费用化，分别记入“经营支出”和“其他支出”。

经济林木投产后，其成本扣除预计残值后的部分应在其正常生产周期内，按照直线法摊销，借记“经营支出”科目，贷记本科目（经济林木）。

按规定程序批准后，林木采伐出售时，按照实现的销售收入，借记“库存现金”“银行存款”“应收款”等科目，贷记“经营收入”科目；同时，按照出售林木的实际成本，借记“经营支出”科目，贷记本科目。

以林木对外投资时，按照合同、协议确定的价值，借记“对外投资”科目，贷记本科目，合同或协议确定的价值与林木资产账面余额之间的差额，借记或贷记“资本公积”科目。

林木死亡毁损时，按规定程序批准后，按照过失人及保险公司应赔偿的金额，借记“成员往来”“应收款”科目，如发生净损失，则按照扣除过失人和保险公司应赔偿金额后的净损失，借记“其他支出”科目，按照林木资产的账面余额，贷记本科目；如产生净收益，则按照林木资产的账面余额，贷记本科目，同时按照过失人及保险公司应赔偿金额超过林木资产账面余额的金额，贷记“其他收入”科目。

本科目应设置“经济林木”和“非经济林木”两个二级科目，按林木的种类设置三级科目，进行明细核算。期末借方余额反映合作社购入或营造林木的账面余额。

① 经济林木增加

【例6-28】某果品产销专业合作社购入樱桃树苗一批，以银行存款支付价款40 000元。

借：林木资产——经济林木　　40 000

　　贷：银行存款　　40 000

【例6-29】农民张高加入合作社，投入苹果园一片，双方协议价值90 000元，经成员大会决定享有合作社股金70 000元。

借：林木资产——经济林木（苹果园）　　90 000

　　贷：股金　　70 000

　　　　资本公积　　20 000

【例6-30】合作社接受农林局捐赠的葡萄生产基地，价值200 000元。

借：林木资产——经济林木（葡萄基地）　　200 000

　　贷：专项基金——农林局捐赠　　200 000

② 经济林木的培育

【例6-31】某果品产销专业合作社月末计算出本月应支付外请育苗工人工资2 000元。

借：林木资产——经济林木　　2 000

　　贷：应付工资——外请工人　　2 000

③ 经济林木的管护费用

【例6-32】某果品产销专业合作社果树投产，本月为果树施肥，领用本社仓库化肥共计1 500元。

借：经营支出——果树管护　　1 500

　　贷：产品物资——化肥　　1 500

④ 经济林木的成本摊销

【例6-33】某果树培育专业合作社培育经济林木投产，培育成本30 000元，预计产果年限12年，预计净残值率5%，按直线法摊销。

林木培育成本年摊销额＝（30 000−30 000×5%）÷12＝2 375（元）

借：经营支出——成本摊销　　2 375

　　贷：林木资产——经济林木　　2 375

⑤ 购入非经济林木

【例6-34】某林木生产专业合作社购入杉树苗一批，以银行存款支付价款60 000元。

借：林木资产——非经济林木　　60 000

　　贷：银行存款　　60 000

⑥ 非经济林木郁闭前的培植费用

【例6-35】某林木生产专业合作社购入的杉树苗郁闭前发生培植费用计23 000元。其中，支付固定工人工资11 000元，发生肥料费用12 000元。

借：林木资产——非经济林木　　23 000

　　贷：应付工资　　11 000

　　　　产品物资——肥料　　12 000

⑦ 非经济林木郁闭后的管护费用

【例6-36】某林木生产专业合作社非经济林木已郁闭，本月应支付管护人员工资2 500元。

借：其他支出——非经济林木管护　　2 500

　　贷：应付工资——管护人员　　2 500

⑧ 林木采伐出售

【例6-37】某林木专业合作社经批准采伐林木一批，收到价款75 000元，转存信用社。该批林木实际成本为40 000元。

借：银行存款　　75 000

　　贷：经营收入——林木采伐收入　　75 000

借：经营支出——出售林木成本　　40 000

贷：林木资产——非经济林木　　40 000

（3）其他农业资产　按照《农民专业合作社财务会计制度（试行）》规定，合作社生产经营中，有牲畜（禽）资产、林木资产以外的其他农业资产，需要单独对其进行核算的，可增设“其他农业资产”科目，参照牲畜（禽）资产、林木资产进行会计核算。

**【例6-38】**养羊专业合作社在天然草原放牧的前提下，按规定程序研究决定建设人工草场，种植牧草——紫花苜蓿10 000亩，以解决越冬羊群的饲料供给。实施过程中，购买紫花苜蓿种子价值100 000元，已从开户银行转账支付。领用合作社材料价值10 000元，从开户银行转账支付机械耕作费40 000元，计提人员工资80 000元，分摊折旧10 000元，另以马代步，分摊牲畜（禽）资产1 000元。该养羊专业合作社应做如下会计处理。

① 银行转账支付购买紫花苜蓿种子款

借：其他农业资产——紫花苜蓿　　100 000

　　贷：银行存款　　100 000

② 领用材料

借：其他农业资产——紫花苜蓿　　10 000

　　贷：产品物资——材料　　10 000

③ 转账支付机械作业费

借：其他农业资产——紫花苜蓿　　40 000

　　贷：银行存款　　40 000

④ 计提人员工资

借：其他农业资产——紫花苜蓿　　80 000

　　贷：应付工资　　80 000

⑤ 分摊折旧费用

借：其他农业资产——紫花苜蓿　　10 000

　　贷：累计折旧　　10 000

⑥ 分摊牲畜（禽）资产

借：其他农业资产——紫花苜蓿　　1 000

　　贷：牲畜（禽）资产——役马　　1 000

### 3. 固定资产的会计核算

（1）固定资产　农民专业合作社的房屋、建筑物、机器、设备、工具、器具、农业基本建设设施等，凡使用年限在一年以上、单位价值在500元以上的列为固定资产。有些主要生产工具和设备，单位价值虽然低于规定标准，但使用年限在一年以上的，也可列为固定资产。合作社以经营租赁方式租入和以融资租赁方式租出的固定资产，不应列作合作社的固定资产。

固定资产按下列原则计价：

购入不需要安装的固定资产，按原价加采购费、包装费、运杂费、保险费和相关税金等，借记本科目，贷记“银行存款”等科目。购入需要安装的固定资产，先记入“在建工程”科目，待安装完毕交付使用时，按照其实际成本，借记本科目，贷记“在建工程”科目。

自行建造完成交付使用的固定资产，按建造该固定资产的实际成本，借记本科目，贷记“在建工程”科目。

投资者投入的固定资产，按照投资各方确认的价值，借记本科目，按照经过批准的投资者所应拥有以合作社注册资本份额计算的资本金额，贷记“股金”科目，按照两者之间的差额，借记或贷记“资本公积”科目。

收到捐赠的全新固定资产，按照所附发票所列金额加上应支付的相关税费，借记本科目，贷记“专项基金”科目；如果捐赠方未提供有关凭据，则按其市价或同类、类似固定资产的市场价格估计的金额，加上由合作社负担的运输费、保险费、安装调试费等作为固定资产成本，借记本科目，贷记“专项基金”科目。收到捐赠的旧固定资产，按照经过批准的评估价值或双方确认的价值，借记本科目，贷记“专项基金”科目。

盘盈的固定资产，按其市价或同类、类似固定资产的市场价格，减去按该项资产的新旧程度估计的价值损耗后的余额，借记本科目，贷记“其他收入”科目；盘亏的固定资产，经过规定程序批准后，按其账面净值，借记“其他支出”科目，按已提折旧，借记“累计折旧”科目，按固定资产原价，贷记本科目。

固定资产出售、报废和毁损等时，按固定资产账面净值，借记“固定资产清理”科目，按照应由责任人或保险公司赔偿的金额，借记“应收款”“成员往来”等科目，按已提折旧，借记“累计折旧”科目，按固定资产原价，贷记本科目。

对外投资投出固定资产时，按照投资各方确认的价值或者合同、协议约定的价值，借记“对外投资”科目，按已提折旧，借记“累计折旧”科目，按固定资产原价，贷记本科目，投资各方确认或协议价与固定资产账面净值之间的差额，借记或贷记“资本公积”科目。

捐赠转出固定资产时，按固定资产净值，转入“固定资产清理”科目，应支付的相关税费，也通过“固定资产清理”科目进行归集，捐赠项目完成后，按“固定资产清理”科目的余额，借记“其他支出”科目，贷记“固定资产清理”科目。

本科目期末借方余额，反映合作社期末固定资产的账面原价。

（2）累计折旧　合作社的折旧方法可在“平均年限法”“工作量法”中任选一种。一经选定，不得随意变动。提取折旧时，可以采用个别折旧率，也可以采用分类折旧率或综合折旧率计提。

生产经营用的固定资产计提的折旧，借记“生产成本”科目，贷记本科目；管理用的固定资产计提的折旧，借记“管理费用”科目，贷记本科目；用于公益性用途的固定资产计提的折旧，借记“其他支出”科目，贷记本科目。

（3）在建工程　本科目核算合作社进行工程建设、设备安装、农业基本建设设施建造等发生的实际支出。购入需要安装的固定资产，按其原价加上运输、保险、采购、安装等费用，借记本科目，贷记“库存现金”“银行存款”“应付款”等科目。

建造固定资产和兴建农业基本建设设施购买专用物资以及发生工程费用，按实际支出，借记本科目，贷记“库存现金”“银行存款”“产品物资”等科目。

发包工程建设，根据合同规定向承包企业预付工程款，按实际预付的价款，借记本科目，贷记“银行存款”等科目；以拨付材料抵作工程款的，应按材料的实际成本，借记本科目，贷记“产品物资”等科目；将需要安装的设备交付承包企业进行安装时，应按该设备的成本，借记本科目，贷记“产品物资”等科目。与承包企业办理工程价款结算，补付的工程款，借记本科目，贷记“银行存款”“应付款”等科目。

自营的工程，领用物资或产品时，应按领用物资或产品的实际成本，借记本科目，贷记“产品物资”等科目。工程应负担的员工工资等人员费用，借记本科目，贷记“应付工资”“成员往来”等科目。

购建和安装工程完成并交付使用时，借记“固定资产”科目，贷记本科目。

工程完成未形成固定资产时，借记“其他支出”等科目，贷记本科目。

（4）固定资产清理　本科目核算合作社因出售、捐赠、报废和毁损等原因转入清理的固定资产净值及其在清理过程中所发生的清理费用和清理收入。

出售、捐赠、报废和毁损的固定资产转入清理时，按固定资产账面净值，借记本科目，按已提折旧，借记“累计折旧”科目，按固定资产原值，贷记

“固定资产”科目。

清理过程中发生的费用，借记本科目，贷记“库存现金”“银行存款”等科目；收回出售固定资产的价款、残料价值和变价收入等，借记“银行存款”“产品物资”等科目，贷记本科目；应当由保险公司或过失人赔偿的损失，借记“应收款”“成员往来”等科目，贷记本科目。

清理完毕后发生的净收益，借记本科目，贷记“其他收入”科目；清理完毕后发生的净损失，借记“其他支出”科目，贷记本科目。

本科目应按被清理的固定资产设置明细科目，进行明细核算。本科目期末余额，反映合作社转入清理但尚未清理完毕的固定资产净值，以及固定资产清理过程中所发生的清理费用和变价收入等各项金额的差额。

**【例6-39】**某养猪合作社发生下列固定资产相关业务：

① 新建猪舍20幢，购入红砖、钢筋、水泥等建筑材料一批，支付价款共计450 000元，全部用银行存款支付，建设过程中领用建筑材料440 000元，猪栏建设应付劳务费用50 000元，尚未支付，另以银行存款支付工程水电费10 000元。工程完工，验收并交付使用。会计处理如下。

a. 购入工程用建筑材料时

借：产品物资　450 000

　　贷：银行存款　450 000

b. 工程开工，领用建筑材料时

借：在建工程——自营工程　440 000

　　贷：产品物资　440 000

c. 应付建设工程劳务费用

借：在建工程——自营工程　50 000

　　贷：应付款　50 000

d. 支付工程水电费时

借：在建工程——自营工程　10 000

　　贷：银行存款　10 000

e. 工程完工，验收合格后交付使用时

借：固定资产——猪舍　500 000

　　贷：在建工程——自营工程　500 000

② 猪舍预计可使用15年，残值为50 000元，使用直线法计提折旧，会计处理如下。

每月计提的折旧＝（500 000−50 000）÷15÷12＝2 500 （元）

借：生产成本 2 500

贷：累计折旧 2 500

③ 假设使用10年后在一次事故中猪舍坍塌，转入清理。

a. 注销原价及累计折旧

借：固定资产清理 200 000

累计折旧 300 000

贷：固定资产 500 000

b. 对坍塌猪舍清理时发生清理费用35 000元

借：固定资产清理 35 000

贷：银行存款 35 000

c. 坍塌猪舍产生的废料收入20 000元

借：银行存款 20 000

贷：固定资产清理 20 000

d. 结转清理净损失

借：其他支出 215 000

贷：固定资产清理 215 000

【例6-40】合作社在财产清查中，盘亏柴油机一台，原价1 800元，已提折旧800元。经查明属保管人员看护过失，决定由其赔偿现金300元。

借：成员往来——某成员 300

其他支出 700

累计折旧 800

贷：固定资产 1 800

4. 无形资产

“无形资产”科目核算合作社持有的专利权、商标权、非专利技术等各种无形资产的价值。合作社按下列原则确定取得无形资产的实际成本，登记入账：

购入的无形资产，按实际支付的价款，借记本科目，贷记“库存现金”“银行存款”等科目。

自行开发并按法律程序申请取得的无形资产，按依法取得时发生的注册费、律师费等实际支出，借记本科目，贷记“库存现金”“银行存款”等科目。

接受捐赠的无形资产，按照所附发票所列金额加上应支付的相关税费，无所附单据的，按经过批准的价值，借记本科目，贷记“专项基金”“银行存款”等科目。

投资者投入的无形资产，按照投资各方确认的价值，借记本科目，按经过批准的投资者所应拥有的以合作社注册资本份额计算的资本金额，贷记“股金”等科目，按两者之间的差额，借记或贷记“资本公积”科目。

无形资产从使用之日起，按直线法分期平均摊销，摊销年限不应超过10年。摊销时，借记“管理费用”科目，贷记本科目。

出租无形资产所取得的租金收入，借记“银行存款”等科目，贷记“其他收入”科目；结转出租无形资产的成本时，借记“其他支出”科目，贷记本科目。

出售无形资产，按实际取得的转让价款，借记“银行存款”等科目，按照无形资产的账面余额，贷记本科目，按应支付的相关税费，贷记“银行存款”等科目，按其差额，贷记“其他收入”或借记“其他支出”科目。

本科目应按无形资产类别设置明细科目，进行明细核算，期末借方余额，反映合作社所拥有的无形资产摊余价值。

（1）无形资产的取得

**【例6-41】**某畜禽专业合作社自行研制一项饲料配方技术，研究费用15 000元，其中，合作社固定技术人员工资5 000元、材料费用10 000元。按法律程序取得饲料配方专利权，支付注册费3 000元、律师费1 000元，以银行存款支付。合作社应做如下会计处理。

① 结转研发期间发生的研发费用时

| | | |
|---|---|---|
| 借：管理费用——研发费用 | 15 000 | |
| 　贷：应付工资——研发技术人员 | | 5 000 |
| 　　　产品物资——原材料 | | 10 000 |

② 支付专利注册费、律师费时

| | | |
|---|---|---|
| 借：无形资产——饲料配方专利权 | 4 000 | |
| 　贷：银行存款 | | 4 000 |

**【例6-42】**某莲藕专业合作社社员李大山以“藕莲牌”藕粉商标向本社入股。协议商标价值10 000元。李大山享有本社注册资本份额8 000元。会计分录如下。

| | | |
|---|---|---|
| 借：无形资产——“藕莲牌”藕粉商标 | 10 000 | |
| 　贷：股金——李大山 | | 8 000 |
| 　　　资本公积 | | 2 000 |

【例6-43】某养鸡专业合作社接受某农业公司捐赠，评估批准确认价值10 000元。会计分录如下。

借：无形资产——“凤栖牌”鸡蛋商标　　10 000

　　贷：专项基金——他人捐赠　　10 000

（2）无形资产的摊销

【例6-44】上述【例6-41】中畜禽专业合作社取得的饲料配方专利权4 000元，按直线法分5年平均摊销，每年应摊销的价值为800元，每年摊销一次。年终结转时会计分录如下。

借：管理费用——无形资产摊销　　800

　　贷：无形资产——饲料配方专利权　　800

（3）无形资产的出租和出售

【例6-45】某蔬菜专业合作社出租本社“绿农牌”商标权给另一合作社，年租金3 000元。款项收到存入信用社。年末按直线法摊销成本1 000元。

① 收到租金时

借：银行存款　　3 000

　　贷：其他收入——商标出租　　3 000

② 年终摊销无形资产时

借：其他支出——无形资产摊销　　1 000

　　贷：无形资产——“绿农牌”商标　　1 000

【例6-46】养蜂专业合作社转让“蜜花牌”商标，协议转让费18 000元，款项收到，转存银行。该商标权账面余额16 000元。

借：银行存款　　18 000

　　贷：无形资产——“蜜花牌”商标　　16 000

　　　　其他收入——转让无形资产溢价　　2 000

# 第三节　农民专业合作社负债的核算

农民专业合作社的负债分为流动负债和长期负债。流动负债是指偿还期在一年以内（含一年）的债务，包括短期借款、应付款项、应付工资、应付盈余返还、应付剩余盈余等。长期负债是指偿还期超过一年以上的债务，包括长期借款、专项应付款等。

## 一、流动负债的核算

### 1. 短期借款

合作社的短期借款核算同农业企业总体相同，只是合作社发生的短期借款利息支出，直接计入当期损益，借记“其他支出”科目，贷记“库存现金”“银行存款”等科目。

**【例6-47】**某花卉专业合作社向当地农村信用社借款10 000元，借款合同约定，期限为6个月，年利率为4.5%。到期一次偿还本息。合作社的会计处理如下。

借入时，

借：银行存款　　10 000

　　贷：短期借款　　10 000

还本付息时，

借：短期借款　　10 000

　　其他支出——利息支出　　225

　　贷：银行存款　　10 225

### 2. 应付款项

应付款科目核算合作社与非成员之间发生的各种应付以及暂收款项，包括因购买产品物资和接受劳务、服务等应付的款项以及应付的赔款、利息等。

合作社发生以上应付以及暂收款项时，借记“库存现金”“银行存款”“产品物资”等科目，贷记本科目。合作社偿还应付及暂收款项时，借记本科目，贷记“库存现金”“银行存款”等科目。合作社确有无法支付的应付款时，按规定程序审批后，借记本科目，贷记“其他收入”科目。本科目应按发生应付款的非成员单位和个人设置明细账，进行明细核算，期末贷方余额，反映合作社应付但尚未付给非成员的应付及暂收款项。

（1）应付及暂收款的发生

**【例6-48】**某果品产销合作社赊购非会员农户王朋的苹果1 800千克，价款为5 600元，款项暂欠。会计分录如下。

借：产品物资——苹果　　5 600

　　贷：应付款——王朋　　5 600

**【例6-49】**某蔬菜产销合作社接受非成员农户李林委托，代购农药一批，合同约定价款为3 800元，李林已以现金提前支付。会计分录如下。

借：库存现金　　3 800

　　贷：应付款——李林　　3 800

**【例6-50】**蜂产品专业合作社向农户收购原材料一批，价款10 000元，增值税税率13%，材料入库，款项已经付清。会计分录如下。

借：产品物资——蜂产品原料　　10 000

　　应付款——增值税　　1 300

　　贷：银行存款　　11 300

**【例6-51】**蜂产品专业合作社出售蜂产品一批给某超市。该专业合作社为一般纳税人，执行17%增值税税率。该批产品不含税售价30 000元，货款收到存入银行。会计分录如下。

借：银行存款　　35 100

　　贷：经营收入——蜂产品销售收入　　30 000

　　　　应付款——增值税　　5 100

（2）应付及暂收款的偿还

**【例6-52】**某果品产销合作社以现金偿还非成员户王朋苹果款5 600元。会计分录如下。

借：应付款——王朋　　5 600

　　贷：库存现金　　5 600

【例6-53】某蔬菜产销合作社为非成员农户李林代购的农药已经到货，实际价款为3 500元，农药已经交给李林。会计分录如下。

借：应付款——李林　　3 800
　　贷：产品物资——农药　　3 500
　　　　其他收入——代购农药　　300

【例6-54】上述【例6-50】【例6-51】中蜂产品专业合作社上交增值税3 800元，以银行存款付清。会计分录如下。

借：应付款——增值税　　3 800
　　贷：银行存款　　3 800

（3）无法支付的应付及暂收款

【例6-55】某粮食产销合作社有一笔暂收非社员户张红代购商品款1 200元，因张红出国定居，已失去联系，确实无法支付，经批准核销。会计分录如下。

借：应付款——张红　　1 200
　　贷：其他收入——坏账核销溢价　　1 200

### 3. 应付工资

应付工资是合作社应付给其管理人员及固定员工的日常工资、奖金、津贴、补助等，不再单设“应付福利费”。合作社给付临时员工的报酬不通过本科目核算，通过“应付款”或“成员往来”核算。

### 4. 应付盈余返还

应付盈余返还是指农民专业合作社可分配盈余中应返还给成员的金额。按《农民专业合作社法》规定，可分配盈余按成员与本社交易量（额）比例返还给成员，返还给成员的盈余总额不得低于可分配盈余的60%。具体返还比例和办法按照农民专业合作社章程规定或经成员大会决议确定。

为了核算合作社按成员与本社交易量（额）比例返还给成员的盈余，合作社应设置“应付盈余返还”科目。本科目应按成员设置明细账，进行明细核算。本科目期末贷方余额，反映合作社尚未支付的盈余返还。

合作社根据章程规定的盈余分配方案，按成员与本社交易量（额）提取返还盈余时，借记“盈余分配”科目，贷记“应付盈余返还”科目。实际支付时，借记“应付盈余返还”科目，贷记“库存现金”“银行存款”等科目。

【例6-56】2019年年末，绿康合作社将弥补亏损、提取公积金后的当年可分配盈余100 000元按章程规定进行分配。合作社章程规定，每个会计年度内，将实现可分配盈余的80%返还给成员；返还时，以每个成员与本社的交易额占全部成员与本社交易总额的比重为依据。根据成员账户记载，当年成员与本社的交易总额为500 000元，其中，甲、乙、丙、丁四个成员的交易额分别为20 000元、30 000元、50 000元、60 000元。

合作社按规定返还盈余时：

第一步，计算出当年可分配盈余中应返还给与本社有交易的成员的金额

100 000×80%＝80 000（元）

第二步，计算出每个成员的交易额占全部成员与本社交易总额的比重

甲：20 000÷500 000×100%＝4%

乙：30 000÷500 000×100%＝6%

丙：50 000÷500 000×100%＝10%

丁：60 000÷500 000×100%＝12%

第三步，计算出应返还给与本社有交易的成员的可分配盈余金额

甲：80 000×4%＝3 200（元）

乙：80 000×6%＝4 800（元）

丙：80 000×10%＝8 000（元）

丁：80 000×12%＝9 600（元）

第四步，依据盈余返还作相应会计分录

|  |  |  |
|---|---|---|
| 借：盈余分配——各项分配 | 80 000 | |
| 贷：应付盈余返还——甲 | | 3 200 |
| ——乙 | | 4 800 |
| ——丙 | | 8 000 |
| ——丁 | | 9 600 |
| ——其他成员 | | （54 400） |

合作社兑现返还的盈余时：

|  |  |
|---|---|
| 借：应付盈余返还——甲 | 3 200 |
| ——乙 | 4 800 |
| ——丙 | 8 000 |

——丁　9 600

——其他成员　（54 400）

贷：库存现金　80 000

5. 应付剩余盈余

应付剩余盈余是指返还给成员可分配盈余后，应付给成员的可分配盈余的剩余部分，分配时不再区分成员是否与本社有交易量（额），人人有份，是合作社以成员账户中记载的出资额和公积金份额，以及本社接受国家财政直接补助和他人捐赠形成的财产平均量化到本社成员的份额，按比例分配给本社成员的剩余可分配盈余。

合作社按交易量（额）返还盈余后，根据章程规定或者成员大会决定分配剩余盈余时，借记“盈余分配”科目，贷记“应付剩余盈余”科目。实际支付时，借记“应付剩余盈余”科目，贷记“库存现金”“银行存款”等科目。

**【例6-57】**接【例6-56】，合作社将当年可分配盈余100 000元的80%，按成员与本社的交易额返还给成员，剩余的20%按章程规定，全部对成员进行分配。当年末，合作社所有者权益总额为600 000元，其中，股本500 000元、专项基金50 000元、公积金50 000元（包括资本公积和盈余公积）。成员甲个人账户记载的出资额为10 000元、专项基金1 000元、公积金7 000元……；与合作社没有交易的成员戊个人账户记载的出资额为10 000元、专项基金1 000元、公积金1 000元。

合作社分配剩余盈余时：

第一步，计算出每个成员个人账户记载的出资额、专项基金、公积金占这三项总额的份额

成员甲：（10 000+1 000+7 000）÷（500 000+50 000+50 000）×100％＝3%

成员戊：（10 000+1 000+1 000）÷（500 000+50 000+50 000）×100％＝2%

第二步，计算出每个成员应分配的剩余盈余金额

成员甲：100 000×20％ ×3％＝600（元）

成员戊：100 000×20％ ×2％＝400（元）

第三步，做出分配剩余盈余的会计分录

借：盈余分配——各项分配　　20 000
　　贷：应付剩余盈余——甲　　600
　　　　　　　　　　——其他成员　　19 000
　　　　　　　　　　——戊　　400

第四步，合作社兑现应付剩余盈余时

借：应付剩余盈余——甲　　600
　　　　　　　　——其他成员　　19 000
　　　　　　　　——戊　　400
　　贷：库存现金　　20 000

## 二、 长期负债的核算

### 1. 长期借款

合作社长期借款利息应按期计提，借记“其他支出”科目，贷记“应付款”科目。

【例6-58】2013年7月1日，合作社向信用社贷款20 000元，并已到户。贷款合同约定借款期限为2年，年利率为6%，每年末偿还一次利息，到期时偿还本金和剩余利息。合作社应做的会计处理如下。

借：银行存款　　20 000
　　贷：长期借款——信用社　　20 000

2013年年末计提信用社贷款利息

计算该项长期贷款利息：20 000×6% ×（6÷12）＝600（元）

借：其他支出　　600
　　贷：应付款　　600

2013年12月31日，合作社按贷款合同约定支付信用社贷款利息

借：应付款　　600
　　贷：银行存款　　600

待到2015年6月30日时，合作社归还贷款本金及利息

借：长期借款——信用社　　20 000
　　其他支出　　600
　　贷：银行存款　　20 600

2. 专项应付款

专项应付款是指农民专业合作社接受国家财政直接补助的资金。这部分资金具有专门用途，主要是扶持引导合作社发展，支持合作社开展信息、培训、农产品质量标准与论证、农业生产基础设施建设、市场营销和技术推广等服务。

为加强对专项应付款的管理，及时反映专项应付款的取得、使用和结存状况，合作社应设置“专项应付款”账户。该账户属负债类账户，贷方登记取得专项应付款的数额；借方登记使用专项应付款的数额和转入专项基金的数额；期末贷方余额反映结存专项应付款的数额。该账户应按国家财政补助资金项目设置明细科目，进行明细核算。

（1）农民专业合作社收到国家财政补助资金　合作社收到国家财政直接补助资金时，借记“库存现金”“银行存款”等科目，贷记“专项预付款”。

**【例6-59】**某生猪养殖专业合作社收到国家财政直接补助资金300 000元，其中：用于技术培训20 000元，购买办公设备50 000元，购建专用设备230 000元。款项已划转到合作社存款户。会计分录如下。

| | | |
|---|---|---|
| 借：银行存款 | 300 000 | |
| 　　贷：专项应付款——培训 | | 20 000 |
| 　　　　　　　　——办公设备 | | 50 000 |
| 　　　　　　　　——专用设备 | | 230 000 |

（2）国家财政补助资金的使用　合作社按照国家财政补助资金的项目用途取得固定资产、农业资产、无形资产等时，按实际支出借记“固定资产”“牲畜（禽）资产”“林木资产”“无形资产”等科目，贷记“库存现金”“银行存款”等科目，同时借记“专项应付款”科目，贷记“专项基金”科目。用于开展信息培训、农产品质量标准与认证、农业生产基地设施建设、市场营销和技术推广等项目支出时，借记“专项应付款”科目，贷记“库存现金”“ 银行存款”等科目。

**【例6-60】**【例6-59】中生猪养殖专业合作社用财政补助资金支付该社成员外出培训学习费用20 000元。会计分录如下。

| | | |
|---|---|---|
| 借：专项应付款——培训 | 20 000 | |
| 　　贷：银行存款 | | 20 000 |

【例6-61】【例6-59】生猪养殖专业合作社按规定用财政补助资金购买办公用计算机10台，用银行存款支付设备款50 000元，该设备验收后投入使用。

① 支付款项时

借：固定资产——办公设备（计算机）　　50 000

　　贷：银行存款　　50 000

② 结转专项应付款

借：专项应付款——办公设备（计算机）　　50 000

　　贷：专项基金——国家财政补助　　50 000

【例6-62】【例6-59】生猪养殖专业合作社，按国家补助资金项目规定，用专用设备款230 000元建造冷库。合作社以此款项购买建设冷库用建筑材料90 000元、制冷设备100 000元。建设冷库过程中，领用建筑材料金额总计90 000元，支付建筑外请工人工资30 000元，冷库建设后期，支付制冷设备安装费4 000元，支付水电费6 000元，款项均以银行存款支付。冷库建设完毕验收合格，已投入使用。合作社的会计处理如下。

① 购买建筑材料时

借：产品物资——建筑材料　　90 000

　　贷：银行存款　　90 000

② 购买制冷设备时

借：产品物资——制冷设备　　100 000

　　贷：银行存款　　100 000

③ 领用建筑材料时

借：在建工程——冷库及设备　　90 000

　　贷：产品物资——建筑材料　　90 000

④ 支付外请建筑工人工资时

借：在建工程——冷库及设备　　30 000

　　贷：银行存款　　30 000

⑤ 领用制冷设备等待安装

借：在建工程——冷库及设备　　100 000

　　贷：产品物资——制冷设备　　100 000

⑥ 支付工程安装费、水电费时

借：在建工程——冷库及设备　　10 000

　　贷：银行存款　　10 000

⑦ 工程完工，验收合格交付使用时

借：固定资产——冷库及设备　　230 000

　　贷：在建工程——冷库及设备　　230 000

⑧ 结转专项应付款时

借：专项应付款——专用设备　　230 000

　　贷：专项基金——国家财政补助　　230 000

## 第四节　农民专业合作社所有者权益的核算

### 一、股金

股金是农民专业合作社成员实际投入合作社的各种资产的价值。通过成员入社出资、投资入股、公积金转增等形成。它是合作社开展生产经营活动的前提，也是农民专业合作社成员分享权益和承担义务的依据。合作社社员应该认购合作社股金。合作社的注册资金实行实缴制，并与社员认购的股金总额相一致。社员增加或者减少股金，引起股金总额变化的，合作社注册资金应当作相应变更。社员可以以货币出资，也可以以实物、技术、土地承包经营权等出资。

合作社收到成员以货币资金投入的股金，按实际收到的金额，借记“库存现金”“银行存款”科目，按成员应享有合作社注册资本的份额计算的金额，贷记本科目，按两者之间的差额，贷记“资本公积”科目。

合作社收到成员投资入股的非货币资产，按投资各方确认的价值，借记“产品物资”“固定资产”“无形资产”等科目，按成员应享有合作社注册资本的份额计算的金额，贷记本科目，按两者之间的差额，贷记或借记“资本公积”科目。

合作社按照法定程序减少注册资本或成员退股时，借记本科目，贷记“库存现金”“银行存款”“固定资产”“产品物资”等科目，并在有关明细账及备查簿中详细记录股金发生的变动情况。

成员按规定转让出资的，应在成员账户和有关明细账及备查簿中记录受让方。本科目应按成员设置明细科目，进行明细核算，期末贷方余额，反映合作社实有的股金数额。

### 1. 货币资金入股

【例6-63】某有机苹果专业合作社收到成员李林投入的现金10 000元，成员王朋投入现金10 000元，成员张苹投入现金13 000元，成员郭方投入现金12 000元，全部款项已经转存当地信用社。按合作社规定，各成员应享有合作社注册资本的份额为10 000元。会计分录如下。

| | | |
|---|---|---|
| 借：银行存款 | 45 000 | |
| 贷：股金——李林 | | 10 000 |
| ——王朋 | | 10 000 |
| ——张苹 | | 10 000 |
| ——郭方 | | 10 000 |
| 资本公积 | | 5 000 |

### 2. 非货币资产入股

【例6-64】某有机苹果专业合作社收到成员赵阳以自产种苗投资入社，评估确认的价值14 000元，该成员应享有合作社注册资本的份额为10 000元。会计分录如下。

| | | |
|---|---|---|
| 借：产品物资——种苗 | 14 000 | |
| 贷：股金——赵阳 | | 10 000 |
| 资本公积 | | 4 000 |

### 3. 退股

【例6-65】经批准，有机苹果专业合作社接受成员王朋的退股请求，以银行存款支付王朋退股款10 000元。会计分录如下。

| | | |
|---|---|---|
| 借：股金——王朋 | 10 000 | |
| 贷：银行存款 | | 10 000 |

【例6-66】成员华兴公司退社，合作社应退给股金50 000元，决定以一台收割机和现金退还。收割机账面原值30 000元，已提折旧6 000元，余款现金支付。

借：股金——华兴公司　　50 000
　　累计折旧　　6 000
　　贷：固定资产——收割机　　30 000
　　　　库存现金　　26 000

4. 股金转让

【例6-67】某农产品产销专业合作社社员李春已经享有注册资本份额的21%，为规范合作社的内部管理，经规定程序批准，将其超过20%的注册资本份额20 000元转给本社成员孙红。由孙红给付李春现金或等价物20 000元。会计分录如下。

借：股金——李春　　20 000
　　贷：股金——孙红　　20 000

【例6-68】合作社与李某约定，将农户投工50个作为股份入社。每个工日35元。

借：在建工程　　1 750
　　贷：股金——李某　　1 750

## 二、专项基金

专项基金是农民专业合作社通过国家财政直接补助转入和他人捐赠形成的专用基金。

合作社使用国家财政直接补助资金取得固定资产、农业资产和无形资产等时，按实际使用国家财政直接补助资金的数额，借记“专项应付款”科目，贷记本科目。

合作社实际收到他人捐赠的货币资金时，借记“库存现金”“银行存款”科目，贷记本科目。合作社收到他人捐赠的非货币资产时，按照所附发票记载金额加上应支付的相关税费，借记“固定资产”“产品物资”等科目，贷记本科目；无所附发票的，按照经过批准的评估价值，借记“固定资产”“产品物资”等科目，贷记本科目。

本科目应按专项基金的来源设置明细科目，进行明细核算，期末贷方余额，反映合作社实有的专项基金数额。

【例6-69】合作社收到县农业局干部职工捐赠现金8 000元。会计分录如下。

借：库存现金　　8 000

　　贷：专项基金——个人捐赠　　8 000

【例6-70】合作社收到兴旺集团捐赠水果分离机一台，发票价12 000元。会计分录如下。

借：固定资产——水果分离机　　12 000

　　贷：专项基金——兴旺捐赠　　12 000

【例6-71】果品产销合作社接受国家财政专项补助资金80 000元，用于建造水果保鲜库房。建造过程中，购买使用专用物资50 000元，支付本社固定员工工资10 000元，支付外请临时工工资15 000元，支付合作社社员工资5 000元。工程验收完成后交付使用。合作社应做如下会计处理。

（1）库房建造时，结转发生的各项费用

借：在建工程——水果保鲜库房　　80 000

　　贷：产品物资——专用材料　　50 000

　　　　应付工资——各固定员工　　10 000

　　　　应付款——各外请临时员工　　15 000

　　　　成员往来——各成员　　5 000

（2）验收交付使用时

借：固定资产——水果保鲜库房　　80 000

　　贷：在建工程——水果保鲜库房　　80 000

（3）结转专项基金时

借：专项应付款——水果保鲜库房　　80 000

　　贷：专项基金——国家财政补助　　80 000

## 三、资本公积

资本公积是合作社用于扩大生产经营、承担经营风险及集体公益事业的专用基金。它主要来源于股金溢价及实物资产的重估增值。

成员入社投入货币资金和实物资产时，按实际收到的金额和投资各方确认的价值，借记“库存现金”“银行存款”“固定资产”“产品物资”等科目，按其应享有合作社注册资本的份额计算的金额，贷记“股金”科目，按两者之间的差额，贷记或借记“资本公积”科目。

合作社以实物资产方式进行对外投资时，按照投资各方确认的价值，借记“对外投资”科目，按投出实物资产的账面余额，贷记“固定资产”“产品物资”等科目，按两者之间的差额，借记或贷记本科目。

合作社用资本公积转增股金时，借记本科目，贷记“股金”科目。

本科目应按资本公积的来源设置明细科目，进行明细核算，期末贷方余额，反映合作社实有的资本公积数额。

【例6-72】某蔬菜产销合作社，以生产用温室大棚对蔬菜种植专业合作社投资，温室大棚账面原价50 000元，已计提折旧10 000元。双方协商确认价值为45 000元。会计分录如下。

借：对外投资　45 000
　　累计折旧　10 000
　　贷：固定资产　50 000
　　　　资本公积——资产溢价　5 000

【例6-73】某粮食种植专业合作社，经全体股东大会决议，将资本公积60 000元，按成员原始股金比例转增股金。会计分录如下。

借：资本公积——各社员　60 000
　　贷：股金——各社员　60 000

## 四、盈余公积

盈余公积是农民专业合作社按照章程规定或者成员大会决议从当年盈余中按一定比例提取公积金。盈余公积是合作社的公共积累。根据章程规定和经成员大会讨论决定，盈余公积可用于转增股金、弥补亏损等。

### 1. 盈余公积的提取

合作社年终从本年盈余中提取盈余公积时，借记“盈余分配——各项分配”账户。贷记“盈余公积”账户。

【例6-74】年终，某乌鸡养殖合作社从当年盈余中提取盈余公积15 000元。会计分录如下。

借：盈余分配——各项分配 15 000
　　贷：盈余公积 15 000

2. 盈余公积转增股金或弥补亏损

合作社用盈余公积转增股金或弥补亏损等时，借记本科目，贷记“股金”“盈余分配”等科目。

**【例6-75】**年终，某蔬菜种植合作社经成员大会决定，将盈余公积20 000元按原始投资比例转增股金。会计分录如下。

借：盈余公积 20 000
　　贷：股金 20 000

**【例6-76】**年终，某生猪养殖合作社发生亏损，经成员大会决定，将盈余公积40 000元用于弥补当年亏损。会计分录如下。

借：盈余公积 40 000
　　贷：盈余分配——未分配盈余 40 000

## 五、本年盈余

本年盈余核算合作社本年度实现的盈余。

会计期末结转盈余时，应将“经营收入”“其他收入”科目的余额转入本科目的贷方，借记“经营收入”“其他收入”科目，贷记本科目；同时将“经营支出”“管理费用”“其他支出”科目的余额转入本科目的借方，借记本科目，贷记“经营支出”“管理费用”“其他支出”科目。“投资收益”科目的净收益转入本科目的贷方，借记“投资收益”科目，贷记本科目；如为投资净损失，转入本科目的借方，借记本科目，贷记“投资收益”科目。

年度终了，应将本年收入和支出相抵后结出的本年实现的净盈余，转入“盈余分配”科目，借记本科目，贷记“盈余分配——未分配盈余”科目；如为净亏损，作相反会计分录，结转后本科目应无余额。

## 六、盈余分配

本科目核算合作社当年盈余的分配（或亏损的弥补）和历年分配后的结存余额。本科目设置“各项分配”和“未分配盈余”两个二级科目。

合作社用盈余公积弥补亏损时，借记“盈余公积”科目，贷记本科目（未分配盈余）。

按规定提取盈余公积时，借记本科目（各项分配），贷记“盈余公积”等科目。

按交易量（额）向成员返还盈余时，借记本科目（各项分配），贷记“应付盈余返还”科目。

以合作社成员账户中记载的出资额和公积金份额，以及本社接受国家财政直接补助和他人捐赠形成的财产平均量化到成员的份额，按比例分配剩余盈余时，借记本科目（各项分配），贷记“应付剩余盈余”科目。

年终，合作社应将全年实现的盈余总额，自“本年盈余”科目转入本科目，借记“本年盈余”科目，贷记本科目（未分配盈余），如为净亏损，作相反会计分录。同时，将本科目下的“各项分配”明细科目的余额转入本科目“未分配盈余”明细科目，借记本科目（未分配盈余），贷记本科目（各项分配）。年度终了，本科目的“各项分配”明细科目应无余额，“未分配盈余”明细科目的贷方余额表示未分配的盈余，借方余额表示未弥补的亏损。

本科目应按盈余的用途设置明细科目，进行明细核算，余额为合作社历年积存的未分配盈余（或未弥补亏损）。

**【例6-77】**合作社本年度实现盈余12 000元，根据经批准的盈余分配方案，按本年盈余的5%提取公积金。提取盈余公积后，当年可分配盈余的70%按成员与本社交易额比例返还给成员，其余部分根据成员账户记录的成员出资额和公积金份额，以及国家财政直接补助和他人捐赠形成的财产按比例分配给全体成员。

（1）结转本年盈余时，

借：本年盈余　　12 000

　　贷：盈余分配——未分配盈余　　12 000

（2）提取盈余公积时，按规定比例计算出提取金额12 000×5%＝600（元）。

借：盈余分配——各项分配——提取盈余公积　　600

　　贷：盈余公积　　600

（3）按成员与本社交易额比例返还盈余时，根据成员账户记录的成员与本社交易额比例，分别计算出返还给每个成员的金额和总额。

应付盈余返还总额＝（12 000−600）×70%＝7 980（元）

借：盈余分配——各项分配——盈余返还　　7 980

　　贷：应付盈余返还——全体成员　　7 980

（4）分配剩余盈余时，根据成员账户记录的成员出资额和公积金份额，以及国家财政直接补助和他人捐赠形成的财产平均量化到成员的份额，按比例分别计算出分配给每个成员的金额和总额。

应付剩余盈余总额＝12 000−600−7 980＝3 420（元）

借：盈余分配——各项分配——分配剩余盈余　　3 420

　　贷：应付剩余盈余——全体成员　　3 420

（5）结转各项分配时，

借：盈余分配——未分配盈余　　12 000

　　贷：盈余分配——各项分配　　12 000

# 第五节　农民专业合作社生产成本的核算

为了核算合作社直接组织生产或提供劳务服务所发生的各项生产费用和劳务服务成本，农民专业合作社设置“生产成本”会计科目。

合作社发生各项生产费用和劳务服务成本时，应按成本核算对象和成本项目分别归集，借记“生产成本”科目，贷记“库存现金”“银行存款”“产品物资”“应付工资”“成员往来”“应付款”等科目。

会计期间终了，合作社已经生产完成并已验收入库的产成品，按实际成本，借记“产品物资”科目，贷记“生产成本”科目。

合作社提供劳务服务实现销售时，借记“经营支出”科目，贷记“生产成本”科目。

本科目应按生产费用和劳务服务成本种类设置明细科目，进行明细核算，期末借方余额，反映合作社尚未生产完成的各项在产品和尚未完成的劳务服务成本。

**【例6-78】**农产品成本核算

某农民专业合作社统一组织香菇种植，领用种植温控设备2 500元，种植原料4 000元，香菇种子6 000元……共计16 900元。

借：生产成本——香菇　　16 900
　　贷：产品物资——各项物资　　16 900
借：产品物资——香菇　　16 900
　　贷：生产成本——香菇　　169 00

【例6-79】加工农产品核算

某合作社收购社员王五黑木耳2吨，单价10 000元/吨，销售后再支付货款。黑木耳的供销由合作社统一进行。支付运费1 000元，领用包装1 500元，精选人员工资5 000元，车间设备折旧1 000元，黑木耳包装完成入库。

借：产品物资——黑木耳　　20 000
　　贷：成员往来——王五　　20 000
借：生产成本——黑木耳　　8 500
　　贷：库存现金　　1 000
　　　　产品物资——包装箱　　1 500
　　　　应付工资　　5 000
　　　　累计折旧　　1 000
借：产品物资——黑木耳　　8 500
　　贷：生产成本——黑木耳　　8500

【例6-80】劳务成本核算

某合作社为成员提供水稻收割劳务，按合同规定成员要支付合作社劳务费10 000元。水稻收割期间：消耗燃油5 000元，水稻收割机折旧1 000元，人员工资2 500元。

借：生产成本——水稻收割劳务　　8 500
　　贷：库存现金　　5 000
　　　　应付工资　　2 500
　　　　累计折旧　　1 000
借：银行存款　　10 000
　　贷：经营收入——水稻收割收入　　10 000
借：经营支出　　8 500
　　贷：生产成本——水稻收割劳务　　8 500

# 第六节 农民专业合作社损益的核算

## 一、经营收入

经营收入是指合作社销售产品、提供劳务，以及为成员代购代销、向成员提供技术和信息服务等活动取得的收入。

合作社实现经营收入时，应按实际收到或应收的价款，借记“库存现金”“银行存款”“应收款”“成员往来”等科目，贷记本科目。本科目应按经营项目设置明细科目，进行明细核算。年终，应将本科目的余额转入“本年盈余”科目的贷方，结转后本科目应无余额。

## 二、其他收入

本科目核算合作社除经营收入以外的其他收入。

合作社发生其他收入时，借记“库存现金”“银行存款”等科目，贷记本科目。

年终，应将本科目的余额转入“本年盈余”科目的贷方，结转后本科目应无余额。

## 三、投资收益

本科目核算合作社对外投资取得的收益或发生的损失。

合作社取得投资收益时，借记“库存现金”“银行存款”等科目，贷记本科目；到期收回或转让对外投资时，按实际取得的价款，借记“库存现金”“银行存款”等科目，按原账面余额，贷记“对外投资”科目，按实际取得价款和原账面余额的差额，借记或贷记本科目。年终，应将本科目的余额转入“本年盈余”科目的贷方；如为净损失，转入“本年盈余”科目的借方，结转后本科目应无余额。

## 四、经营支出

本科目核算合作社因销售产品、提供劳务，以及为成员代购代销，向成员提供技术、信息服务等活动发生的支出。

合作社发生经营支出时，借记本科目，贷记“产品物资”“生产成本”“应付工资”“成员往来”“应付款”等科目。年终，应将本科目的余额转入“本年盈余”科目的借方，结转后本科目应无余额。

### 五、管理费用

本科目核算合作社为组织和管理生产经营活动而发生的各项支出，包括合作社管理人员的工资、办公费、差旅费、管理用固定资产的折旧、业务招待费、无形资产摊销等。

合作社发生管理费用时，借记本科目，贷记“应付工资”“库存现金”“银行存款”“累计折旧”“无形资产”等科目。年终，应将本科目的余额转入“本年盈余”科目的借方，结转后本科目应无余额。

### 六、其他支出

本科目核算合作社发生的除“经营支出”“管理费用”以外的其他各项支出，如农业资产死亡毁损支出、固定资产及产品物资的盘亏、罚款支出、利息支出、捐赠支出、无法收回的应收款项损失等。

合作社发生其他支出时，借记本科目，贷记“库存现金”“银行存款”“产品物资”“累计折旧”“应付款”“固定资产清理”等科目。年终，应将本科目的余额转入“本年盈余”科目的借方，结转后本科目应无余额。

## 第七节　农民专业合作社的会计报表

会计报表是反映农民专业合作社某一特定日期财务状况和某一会计期间经营成果的书面报告。合作社应按照规定准确、及时、完整地编制会计报表，向登记机关、农村经营管理部门和有关单位报送，并按时置备于办公地点，供成员查阅。

合作社应编制的会计报表，按内容划分为：资产负债表、盈余及盈余分配表、成员权益变动表、科目余额表和收支明细表、财务状况说明书等。

合作社应按登记机关规定的时限和要求，及时报送资产负债表、盈余及盈余分配表和成员权益变动表等。

各级农村经营管理部门，应对所辖地区报送的合作社资产负债表、盈余及盈余分配表和成员权益变动表进行审查，然后逐级汇总上报，同时附送财务状况说明书，按规定时间报农业农村部。

资产负债表、盈余及盈余分配表和成员权益变动表格式及编制说明如下文所述，科目余额表和收支明细表的格式及编制说明由各省、自治区、直辖市财政部门和农村经营管理部门根据《农民专业合作社财务会计制度（试行）》自行规定。

## 一、资产负债表

见表6-3。

**表6-3 资产负债表**

______年____月____日

会农社01表

编制单位：　　　　单位：元

| 资产 | 行次 | 年初数 | 年末数 | 负债及所有者权益 | 行次 | 年初数 | 年末数 |
|---|---|---|---|---|---|---|---|
| 流动资产： | | | | 流动负债： | | | |
| 货币资金 | 1 | | | 短期借款 | 30 | | |
| 应收款项 | 5 | | | 应付款项 | 31 | | |
| 存货 | 6 | | | 应付工资 | 32 | | |
| 流动资产合计 | 10 | | | 应付盈余返还 | 33 | | |
| | | | | 应付剩余盈余 | 35 | | |
| 长期资产： | | | | 流动负债合计 | 36 | | |
| 对外投资 | 11 | | | | | | |
| 农业资产： | | | | 长期负债： | | | |
| 牲畜（禽）资产 | 12 | | | 长期借款 | 40 | | |
| 林木资产 | 13 | | | 专项应付款 | 41 | | |
| 农业资产合计 | 15 | | | 长期负债合计 | 42 | | |
| 固定资产： | | | | 负债合计 | 43 | | |
| 固定资产原值 | 16 | | | | | | |
| 减：累计折旧 | 17 | | | | | | |
| 固定资产净值 | 20 | | | 所有者权益： | | | |
| 固定资产清理 | 21 | | | 股金 | 44 | | |
| 在建工程 | 22 | | | 专项基金 | 45 | | |
| 固定资产合计 | 25 | | | 资本公积 | 46 | | |
| 其他资产： | | | | 盈余公积 | 47 | | |
| 无形资产 | 27 | | | 未分配盈余 | 50 | | |
| 长期资产合计 | 28 | | | 所有者权益合计 | 51 | | |
| 资产总计 | 29 | | | 负债和所有者权益总计 | 54 | | |

补充资料：

| 项目 | 金额 |
| --- | --- |
| 无法收回、尚未批准核销的应收款项 | |
| 盘亏、毁损和报废、尚未批准核销的存货 | |
| 无法收回、尚未批准核销的对外投资 | |
| 死亡毁损、尚未批准核销的农业资产 | |
| 盘亏、毁损和报废、尚未批准核销的固定资产 | |
| 毁损和报废、尚未批准核销的在建工程 | |
| 注销和无效、尚未批准核销的无形资产 | |

资产负债表编制说明：

（1）本表反映合作社一定日期全部资产、负债和所有者权益状况。

（2）本表“年初数”栏内各项数字，应根据上年末资产负债表“年末数”栏内所列数字填列。如果本年度资产负债表规定的各个项目的名称和内容同上年度不相一致，应对上年末资产负债表各项目的名称和数字按照本年度的规定进行调整，填入本表“年初数”栏内，并加以书面说明。

（3）本表“年末数”各项目的内容及其填列方法：

①“货币资金”项目，反映合作社库存现金、银行结算账户存款等货币资金的合计数。本项目应根据“库存现金”“银行存款”科目的年末余额合计填列。

②“应收款项”项目，反映合作社应收而未收回和暂付的各种款项。本项目应根据“应收款”和“成员往来”各明细科目年末借方余额合计数合计填列。

③“存货”项目，反映合作社年末在库、在途和在加工中的各项存货的价值，包括各种材料、燃料、机械零配件、包装物、种子、化肥、农药、农产品、在产品、半成品、产成品等。本项目应根据“产品物资”“受托代销商品”“受托代购商品”“委托加工物资”“委托代销商品”“生产成本”科目年末余额合计填列。

④“对外投资”项目，反映合作社的各种投资的账面余额。本项目应根据“对外投资”科目的年末余额填列。

⑤“牲畜（禽）资产”项目，反映合作社购入或培育的幼畜及育肥畜和产役畜的账面余额。本项目应根据“牲畜（禽）资产”科目的年末余额填列。

⑥“林木资产”项目，反映合作社购入或营造的林木的账面余额。本项目应根据“林木资产”科目的年末余额填列。

⑦“固定资产原值”项目和“累计折旧”项目，反映合作社各种固定资产原值及累计折旧。这两个项目应根据“固定资产”科目和“累计折旧”科目的年末余额填列。

⑧“固定资产清理”项目，反映合作社因出售、报废、毁损等原因转入清理但尚未清理完毕的固定资产的账面净值，以及固定资产清理过程中所发生的清理费用和变价收入等各项金额的差额。本项目应根据“固定资产清理”科目的年末借方余额填列；如为贷方余额，本项目数字应以“-”号表示。

⑨“在建工程”项目，反映合作社各项尚未完工或虽已完工但尚未办理竣工决算和交付使用的工程项目实际成本。本项目应根据“在建工程”科目的年末余额填列。

⑩“无形资产”项目，反映合作社持有的各项无形资产的账面余额。本项目应根据“无形资产”科目的年末余额填列。

⑪“短期借款”项目，反映合作社借入尚未归还的一年期以下（含一年）的借款。本项目应根据“短期借款”科目的年末余额填列。

⑫“应付款项”项目，反映合作社应付而未付及暂收的各种款项。本项目应根据“应付款”科目年末余额和“成员往来”各明细科目年末贷方余额合计数合计填列。

⑬“应付工资”项目，反映合作社已提取但尚未支付的人员工资。本项目应根据“应付工资”科目的年末余额填列。

⑭“应付盈余返还”项目，反映合作社按交易量（额）应支付但尚未支付给成员的可分配盈余返还。本项目应根据“应付盈余返还”科目的年末余额填列。

⑮“应付剩余盈余”项目，反映合作社以成员账户中记载的出资额和公积金份额，以及本社接受国家财政直接补助和他人捐赠形成的财产平均量化到本社成员的、应支付但尚未支付给成员的剩余盈余。本项目应根据“应付剩余盈余”科目的年末余额填列。

⑯“长期借款”项目，反映合作社借入尚未归还的一年期以上（不含一年）的借款。本项目应根据“长期借款”科目的年末余额填列。

⑰“专项应付款”项目，反映合作社实际收到国家财政直接补助而尚未使用和结转的资金数额。本项目应根据“专项应付款”科目的年末余额填列。

⑱“股金”项目，反映合作社实际收到成员投入的股金总额。本项目应根据“股金”科目的年末余额填列。

⑲“专项基金”项目，反映合作社通过国家财政直接补助转入和他人捐赠形成的专项基金总额。本项目应根据“专项基金”科目年末余额填列。

⑳“资本公积”项目，反映合作社资本公积的账面余额。本项目应根据“资本公积”科目的年末余额填列。

㉑“盈余公积”项目，反映合作社盈余公积的账面余额。本项目应根据“盈余公积”科目的年末余额填列。

㉒“未分配盈余”项目，反映合作社尚未分配的盈余。本项目应根据“本年盈余”科目和“盈余分配”科目的年末余额计算填列；未弥补的亏损，在本项目内数字以“-”号表示。

## 二、盈余及盈余分配表

见表6-4。

**表6-4　盈余及盈余分配表**

______年

会农社02表

编制单位：　　　　　　　　　　　　　　　　　　　　单位：元

| 项目 | 行次 | 金额 | 项目 | 行次 | 金额 |
|---|---|---|---|---|---|
| **本年盈余** | | | **盈余分配** | | |
| 一、经营收入 | 1 | | 四、本年盈余 | 16 | |
| 加：投资收益 | 2 | | 加：年初未分配盈余 | 17 | |
| 减：经营支出 | 5 | | 其他转入 | 18 | |
| 管理费用 | 6 | | 五、可分配盈余 | 21 | |
| 二、经营收益 | 10 | | 减：提取盈余公积 | 22 | |
| 加：其他收入 | 11 | | 盈余返还 | 23 | |
| 减：其他支出 | 12 | | 剩余盈余分配 | 24 | |
| 三、本年盈余 | 15 | | 六、年末未分配盈余 | 28 | |

盈余及盈余分配表编制说明：

（1）本表反映合作社一定期间内实现盈余及其分配的实际情况。

（2）本表主要项目的内容及填列方法如下：

①“经营收入”项目，反映合作社进行生产、销售、服务、劳务等活动取得的收入总额。本项目应根据“经营收入”科目的发生额分析填列。

②“投资收益”项目，反映合作社以各种方式对外投资所取得的收益。本项目应根据“投资收益”科目的发生额分析填列；如为投资损失，以“-”号填列。

③“经营支出”项目，反映合作社进行生产、销售、服务、劳务等活动发生的支出。本项目应根据“经营支出”科目的发生额分析填列。

④“管理费用”项目，反映合作社为组织和管理生产经营服务活动而发生的费用。本项目应根据“管理费用”科目的发生额分析填列。

⑤“其他收入”项目和“其他支出”项目，反映合作社除从事主要生产经营活动以外而取得的收入和支出，本项目应根据“其他收入”和“其他支出”科目的发生额分析填列。

⑥“本年盈余”项目，反映合作社本年实现的盈余总额。如为亏损总额，本项目数字以“-”号填列。

⑦“年初未分配盈余”项目，反映合作社上年度未分配的盈余。本项目应根据上年度盈余及盈余分配表中的“年末未分配盈余”数额填列。

⑧“其他转入”项目，反映合作社按规定用公积金弥补亏损等转入的数额。本项目应根据实际转入的公积金数额填列。

⑨“可分配盈余”项目，反映合作社年末可供分配的盈余总额。本项目应根据“本年盈余”项目、“年初未分配盈余”项目和“其他转入”项目的合计数填列。

⑩“提取盈余公积”项目，反映合作社按规定提取的盈余公积数额。本项目应根据实际提取的盈余公积数额填列。

⑪“盈余返还”项目，反映按交易量（额）应返还给成员的盈余。本项目应根据“盈余分配”科目的发生额分析填列。

⑫“剩余盈余分配”项目，反映按规定应分配给成员的剩余可分配盈余。本项目应根据“盈余分配”科目的发生额分析填列。

⑬“年末未分配盈余”项目，反映合作社年末累计未分配的盈余。如为未弥补的亏损，本项目数字以“–”号填列。本项目应根据“可分配盈余”项目扣除各项分配数额的差额填列。

## 三、成员账户及成员权益变动表

### 1. 成员账户

见表6-5。

**表6-5　成员账户**

成员姓名：　　　　联系地址：　　　　第　　页

<table>
<tr><th rowspan="2">编号</th><th colspan="2">年</th><th rowspan="2">摘要</th><th rowspan="2">成员出资</th><th rowspan="2">公积金份额</th><th rowspan="2">形成财产的财政补助资金量化份额</th><th rowspan="2">捐赠财产量化份额</th><th colspan="2">交易量</th><th colspan="2">交易额</th><th rowspan="2">盈余返还金额</th><th rowspan="2">剩余盈余返还金额</th></tr>
<tr><th>月</th><th>日</th><th>产品1</th><th>产品2</th><th>产品1</th><th>产品2</th></tr>
<tr><td>1</td><td></td><td></td><td></td><td></td><td></td><td></td><td></td><td></td><td></td><td></td><td></td><td></td><td></td></tr>
<tr><td>2</td><td></td><td></td><td></td><td></td><td></td><td></td><td></td><td></td><td></td><td></td><td></td><td></td><td></td></tr>
<tr><td>3</td><td></td><td></td><td></td><td></td><td></td><td></td><td></td><td></td><td></td><td></td><td></td><td></td><td></td></tr>
<tr><td>4</td><td></td><td></td><td></td><td></td><td></td><td></td><td></td><td></td><td></td><td></td><td></td><td></td><td></td></tr>
<tr><td>5</td><td></td><td></td><td></td><td></td><td></td><td></td><td></td><td></td><td></td><td></td><td></td><td></td><td></td></tr>
<tr><td></td><td></td><td></td><td></td><td></td><td></td><td></td><td></td><td></td><td></td><td></td><td></td><td></td><td></td></tr>
<tr><td rowspan="2" colspan="4">年终合计</td><td></td><td></td><td></td><td></td><td></td><td></td><td></td><td></td><td></td><td></td></tr>
<tr><td colspan="4">公积金总额：</td><td colspan="6">盈余返还总额：</td></tr>
</table>

成员账户编制说明：

（1）本表反映合作社成员入社的出资额、量化到成员的公积金份额、成员与本社的交易量（额）以及返还给成员的盈余和剩余盈余金额。

（2）年初将上年各项公积金数额转入，本年发生公积金份额变化时，按实际发生变化数填列调整。“形成财产的财政补助资金量化份额”“捐赠财产量化份额”在年度终了，或合作社进行剩余盈余分配时，根据实际发生情况或变化情况计算填列调整。

（3）成员与合作社发生经济业务往来时，“交易量（额）”按实际发生数填列。

（4）年度终了，以“成员出资”“公积金份额”“形成财产的财政补助资金量化份额”“捐赠财产量化份额”合计数汇总成员应享有的合作社公积金份额，以“盈余返还金额”和“剩余盈余返还金额”合计数汇总成员全年盈余返还总额。

## 2. 成员权益变动表

见表6-6。

**表6-6　成员权益变动表**

______年

会农社03表

编制单位：　　　　单位：元

<table>
<tr><th>项目</th><th colspan="2">股金</th><th colspan="2">专项基金</th><th colspan="2">资本公积</th><th colspan="2">盈余公积</th><th colspan="2">未分配盈余</th><th>合计</th></tr>
<tr><td>年初余额</td><td colspan="2"></td><td colspan="2"></td><td colspan="2"></td><td colspan="2"></td><td colspan="2"></td><td></td></tr>
<tr><td>本年增加数</td><td colspan="2"></td><td colspan="2"></td><td colspan="2"></td><td colspan="2"></td><td colspan="2"></td><td></td></tr>
<tr><td></td><td colspan="2">其中：</td><td colspan="2">其中：</td><td colspan="2">其中：</td><td colspan="2">其中：</td><td colspan="2"></td><td></td></tr>
<tr><td></td><td>资本公积转赠</td><td></td><td>国家财政直接补助</td><td></td><td>股金溢价</td><td></td><td>从盈余中提取</td><td></td><td colspan="2"></td><td></td></tr>
<tr><td></td><td>盈余公积转赠</td><td></td><td>接受捐赠转入</td><td></td><td>资产评估增值</td><td></td><td></td><td></td><td colspan="2"></td><td></td></tr>
<tr><td></td><td>成员增加出资</td><td></td><td></td><td></td><td></td><td></td><td></td><td></td><td colspan="2"></td><td></td></tr>
<tr><td>本年减少数</td><td colspan="2"></td><td colspan="2"></td><td colspan="2"></td><td colspan="2"></td><td colspan="2"></td><td></td></tr>
<tr><td></td><td colspan="2"></td><td colspan="2"></td><td colspan="2"></td><td colspan="2"></td><td colspan="2">其中：</td><td></td></tr>
<tr><td></td><td colspan="2"></td><td colspan="2"></td><td colspan="2"></td><td colspan="2"></td><td>按交易量（额）分配的盈余：</td><td></td><td></td></tr>
<tr><td></td><td colspan="2"></td><td colspan="2"></td><td colspan="2"></td><td colspan="2"></td><td>剩余盈余分配</td><td></td><td></td></tr>
<tr><td>年末余额</td><td colspan="2"></td><td colspan="2"></td><td colspan="2"></td><td colspan="2"></td><td colspan="2"></td><td></td></tr>
</table>

成员权益变动表编制说明：

（1）本表反映合作社报告年度成员权益增减变动的情况。

（2）本表各项目应根据“股金”“专项基金”“资本公积”“盈余公积”“盈余分配”科目的发生额分析填列。

（3）未分配盈余的本年增加数是指本年实现盈余数（净亏损以“-”号填列）。

## 四、财务状况说明书

财务状况说明书是对合作社一定会计期间生产经营、提供劳务服务以及财务、成本情况进行分析说明的书面文字报告。合作社应于年末编制财务状况说明书，对年度内财务状况做出书面分析报告，进行全面系统的分析说明。财务状况说明书没有统一的格式，但其内容至少应涵盖以下几个方面：

（1）合作社生产经营服务的基本情况　包括：合作社的股金总额、成员总数、农民成员数及所占的比例、主要服务对象、主要经营项目等情况。

（2）成员权益结构

① 理事长、理事、执行监事、监事会成员名单及变动情况；

② 各成员的出资额，量化为各成员的公积金份额，以及成员入社和退社情况；

③ 企事业单位或社会团体成员个数及所占的比例；

④ 成员权益变动情况。

（3）其他重要事项

① 变更主要经营项目；

② 从事的进出口贸易；

③ 重大财产处理、大额举债、对外投资和担保；

④ 接受捐赠；

⑤ 国家财政支持和税收优惠；

⑥ 与成员的交易量（额）和与利用其提供的服务的非成员的交易量（额）；

⑦ 提取盈余公积的比例；

⑧ 盈余分配方案、亏损处理方案；

⑨ 未决诉讼、仲裁。

## 实训案例

### 实训一

1. 某农民专业合作社将对确实无法收回的应收款项3 600元，按规定程序批准核销。

2. 合作社向某农机公司购买大型播种机，预付货款20 000元。

3. 某农民专业合作社为其成员张三提供农业生产资料购买应收取服务费489元。

4. 某粮食产销专业合作社受托为本社社员代销小麦一批，代销合同约定价格为50 000元，合作社以58 000元的售价销售给非本社成员的某食品加工厂，货款尚未收到。

5. 年初某粮食专业合作社以银行存款预付良种基地小麦种子款30 000元。

6. 上述已经预付款的小麦种子收回。

7. 某蔬菜专业合作社接受本社社员郭红申请，因家里困难向合作社借款5 000元，用于生产经营周转，合作社以库存现金支付。

8. 上题中蔬菜专业合作社社员郭红为生产周转向合作社借款5 000元到期，该社员如期归还。合作社按约定收取利息75元，款项存入银行。

### 实训二

1. 某蔬菜专业合作社受托为本社社员代销蔬菜一批，协议价格30 000元，收到代销商品清单。

2. 上述蔬菜专业合作社将受托代销商品售出，价款32 000元。款项存入银行。

3. 某渔业合作社为加工鱼罐头，发生下列业务：

（1）购进辅助材料一批，发票注明价款6 000元，货款已用银行存款支付。

（2）加工鱼罐头，领用腌制鱼500千克，单价20元。

（3）生产车间将腌制鱼加工成鱼罐头，当月共加工鱼罐头20 000盒，单位成本8元，共计160 000元。

（4）对外销售15 000瓶，每瓶售价15元。

（5）月底，结转销售商品的成本。

4. 生姜合作社接受本社社员李义委托代销生姜2000千克，协议每千克2.40元，货物售出后结清款项。请分别对以下三种情况进行业务处理：第一种，合作社当月实现对外销售，每千克2.60元，货款已收存银行。合作社以现金和成员李义结清款项。第二种，合作社以市场价每千克2.30元实现销售，款项存入银行。合作社以现金和成员李义结清款项。第三种，合作社以市场价每千克

2.40元实现销售，款项存入银行。合作社以现金和成员李义结清款项。

5. 合作社向社员企业提供饲料10吨，成本25 000元，售价27 000元，价款暂未收到。

6. 合作社购进辅助材料1 000元；自制A材料成本20 000元；接受实物B材料投资，确认10 000元；以上材料均已验收入库。生产领用15 000元A材料及500元辅助材料。出售A材料，价款8 000元、成本5 000元。

7. 合作社受非成员委托代销葡萄15 000千克，议定价格为每千克5元，货物售出后结清。合作社当月实现对外销售，每千克4.8元，货款已收存银行。

## 实训三

1. 大田合作社购买大北农股票1 000股，股票价格35元，打算长期持有，购买时，手续费1 500元，款项均以银行存款支付。编制如下会计分录：

（1）实际支付款项

（2）大北农宣告分配现金股利，每股2元

（3）合作社收到大北农发放的股利，存入银行

（4）合作社决定卖出股票，售价60 000元，款项收到并存入银行

2. 大田合作社于2014年7月1日购买大丰公司当年1月1日发行的两年期到期一次还本付息、面值为10 000元的债券，年利率为6%，截止到购买日的利息为300元（10 000×6%/2），实际支付款项为10 300元。编制如下会计分录：

（1）支付款项时

（2）2014年12月，合作社收到大丰公司发放的债券利息

（3）合作社于2015年2月1日将2014年7月1日购买的大丰公司债券转让，转让价为10 800元

## 实训四

1. 某农业合作社发生如下有关牲畜（禽）资产的业务：

（1）购入育肥猪50头，每头价格180元，购入幼牛100头，每头价格700元，全部以银行存款支付。

（2）发生幼牛和育肥猪饲养费用共50 000元，其中，应付养猪人员工资2 000元、猪饲料费3 000元，应付养牛人员工资17 000元、牛饲料费28 000元。

（3）合作社饲养的100头幼牛成年，开始产奶，预计产奶8年，转为产役畜。幼牛的成本包括购买的成本和饲养费用。

（4）幼牛转为产役畜后，发生了饲养费用45 000元，其中，饲料费25 000

元、应付养牛人员工资20 000元。

（5）按月摊销奶牛的成本。

（6）将50头幼猪育肥后出售了40头，每头售价1 000元，款项已存入银行，同时结转育肥猪的成本。

2. 某林业合作社的有关林木资产业务如下：

（1）购入梨树苗500棵，每棵单价29.5元，对方代垫运费250元，款项尚未支付。

（2）培植梨树共发生费用5 000元，其中，固定生产工人工资4 000元、施用化肥800元、农药200元。

（3）上述梨树投产，预计可正常产梨8年，投产后的第一个月发生管护费用600元，其中，固定生产工人工资400元、施用化肥150元、农药50元。

（4）摊销已投产的梨树成本。

（5）用一批梨树对外投资，这批梨树的总成本为5 000元。

（6）因发生一场大火，烧毁了非经济林木松树10亩，其账面价值为20 000元。保险公司同意赔偿80%，护林员张力（为本社成员）负有一定责任，应赔偿5%，其余损失记入其他支出。

3. 合作社购入杨树苗300棵，价款1 000元、运费100元、植树人工费200元。郁闭前人工管护费500元；郁闭后管护费800元，其中化肥500元、农药300元。

## 实训五

1. 合作社将一台不需用的载货汽车对外出售。其账面原值为60 000元。累计已计提折旧24 000元，协议价40 000元，收到价款转存银行，另外以现金支付设备运杂费用500元。

2. 大华合作社自行研制一项果树嫁接栽培技术，研究费用20 000元、支付注册费5 000元、律师费1 000元，均以银行存款支付。

## 实训六

1. 合作社当年可分配盈余200 000元的70%按交易额返还成员，剩余30%全部对成员分配。年末合作社所有者权益总额为1 000 000元，其中，股本800 000元、专项基金100 000元、公积金100 000元。成员王某个人账户记载出资额30 000元、专项基金3 000元、公积金7 000元。

2. 某林业合作社收到国家财政直接补助资金150 000元。合作社用财政补助资金支付成员考察学习费用25 000元。合作社按规定用财政补助资金购买专用设备，支付设备款50 000元。

3. 合作社接受国家补助资金项目100 000元，项目规定该项资金全部用于建造冷库，合作社购买建设冷库用建筑材料50 000元、制冷设备80 000元，建设冷库过程中，领用建筑材料金额总计50 000元、直接支付建筑工人劳务费20 000元，冷库建设后期，领用制冷设备进行安装，并支付安装费用10 000元，全部工程支付水电费5 000元，冷库建设完毕验收合格，投入使用。

**实训七**

1. 合作社接受某单位捐赠已使用过的地秤一台，原价4 500元，目前市场同类产品估价3 500元，合作社负担运费200元。

2. 合作社按规定用财政补助资金购买专用设备，支付设备款50 000元。

3. 根据合作社和某外单位签订的投资协议，该单位向合作社投资25 000元，款项存入银行。协议约定入股份额占合作社股份的20％，合作社原有股金60 000元。

4. 合作社收到成员投入材料一批，评估确认价13 000元。

5. 合作社付给某农户退股股金5 000元，其中：库存现金支付1 000元、从开户行存款支付4 000元。

6. 合作社收到成员王一投入全新的设备一台，确认价格为1 000元，经过成员大会批准，王一拥有以合作社注册资本份额计算的资本金额800元。

微信扫码
解密答案

7. 合作社本年应计提固定资产折旧29 600元，其中生产经营用固定资产折旧21 600元、管理用固定资产折旧3 000元、公益性固定资产折旧5 000元。

# 第七章 村集体经济组织会计

## 第一节　村集体经济组织会计概述

### 一、村集体经济组织会计的特点

村集体经济组织最早产生于20世纪50年代初的农业合作化运动。它是指为实行社会主义公有制改造，在自然乡村范围内，由农民自愿联合，将其各自所有的生产资料（土地、大型农具、耕畜等）投入集体所有，由集体组织农业生产经营，农民进行集体劳动，各尽所能，按劳分配的农业社会主义经济组织。我国现阶段的村集体经济组织是指按村或村小组设置的社区性集体经济组织。它与企业法人、社会团体、行政机关都不相同，自有其独特的政治性质和法律性质。

村集体经济组织的会计组织形式可由村民委员会自愿选择“村级会计委托代理制”或“以村核算村财村管”等两种形式。为了强化会计监督，规范会计核算工作，提高会计核算质量，降低会计工作成本，当前我国多数村集体经济组织选择由乡级委托代理服务中心代理记账的会计组织形式。

（1）村级会计委托代理制，就是指经村集体经济组织成员大会（村民大会）或成员代表大会（村民代表大会）讨论同意，将村级财务与村级资金委托给代理服务机构，如乡镇经营管理站或依托其设立的农村会计服务中心，在确保村级资金所有权、使用权、处置权、审批权、收益权、监督权和债权、债务关系不变的情况下，由代理服务机构按照一定的原则、方法、程序进行村级会计核算的一种管理形式。

（2）以村核算制，是指不实行村级会计委托代理制的村集体经济组织，可自行组建村会计机构管理村集体经济组织财务及会计工作。

## 二、村集体经济组织会计科目

村集体经济组织会计科目按其经济内容或用途分类，分为资产类、负债类、所有者权益类、成本类、损益类五大类，具体内容见表7-1。

**表7-1　村集体经济组织会计科目表**

| 顺序号 | 科目编号 | 科目名称 |
|---|---|---|
| | | 一、资产类 |
| 1 | 101 | 现金 |
| 2 | 102 | 银行存款 |
| 3 | 111 | 短期投资 |
| 4 | 112 | 应收款 |
| 5 | 113 | 内部往来 |
| 6 | 121 | 库存物资 |
| 7 | 131 | 牲畜（禽）资产 |
| 8 | 132 | 林木资产 |
| 9 | 141 | 长期投资 |
| 10 | 151 | 固定资产 |
| 11 | 152 | 累计折旧 |
| 12 | 153 | 固定资产清理 |
| 13 | 154 | 在建工程 |
| 特1 | 161 | 无形资产 |
| 特2 | 171 | 拨付所属单位资金 |
| | | 二、负债类 |
| 14 | 201 | 短期借款 |
| 15 | 202 | 应付款 |
| 16 | 211 | 应付工资 |
| 17 | 212 | 应付福利费 |
| 18 | 221 | 长期贷款及应付款 |
| 19 | 231 | 一事一议资金 |
| 特3 | 241 | 专项应付款 |
| | | 三、所有者权益类 |
| 20 | 301 | 资本 |
| 21 | 311 | 公积公益金 |
| 22 | 321 | 本年收益 |
| 23 | 322 | 收益分配 |
| | | 四、成本类 |
| 24 | 401 | 生产（劳务）成本 |

续表

| 顺序号 | 科目编号 | 科目名称 |
| --- | --- | --- |
| | | 五、损益类 |
| 25 | 501 | 经营收入 |
| 26 | 502 | 经营支出 |
| 27 | 511 | 发包及上交收入 |
| 28 | 521 | 农业税附加返还收入 |
| 29 | 522 | 补助收入 |
| 30 | 531 | 其他收入 |
| 31 | 541 | 管理费用 |
| 32 | 551 | 其他支出 |
| 33 | 561 | 投资收益 |

另外，村集体经济组织会计报表在设置上也与企业会计报表不同，具体见表7-2。

**表7-2 村集体经济组织会计报表体系**

| 报表名称 | 编报期间 | 编报要求 | 报表编号 |
| --- | --- | --- | --- |
| 科目余额表 | 月度/季度 | 月度/季度报表的格式由各省、市、自治区、直辖市的财政部门或农村经营管理部门制定 | |
| 收支明细表 | 月度/季度 | | |
| 资产负债表 | 年度 | 年度报表必须按照《村集体经济组织会计制度》在全国范围内统一格式、统一编号 | 村会01表 |
| 收益及收益分配表 | 年度 | | 村会02表 |
| 各类内部管理报表 | 不定期 | 各村集体经济组织根据需要自行确定 | |

# 第二节　村集体经济组织一般业务会计处理

村集体经济组织一般业务是指村集体经济组织发生的非经营性收入、管理性支出及货币资产的管理，主要包括财政拨款、一事一议资金、村务管理性支出、收益的形成与分配和货币资金的管理。

## 一、资金筹集业务核算

村集体经济组织资金筹集的方式有很多种，如财政拨款、一事一议资金、公积公益金、专项应付款、投入资本、银行借款等。其中财政拨款、一事一议资金、公积公益金、专项应付款等资金来源主要用于村级事务管理支出和收益分配，而投入资本、银行借款等主要用于村组织的生产经营活动。由于我国不少村集体经济组织不进行生产经营活动，因而本节重点介绍财政拨款、一事一议资金、公积公益金、专项应付款等资金筹集业务的处理。

1. 财政拨款

（1）财政拨款的内容　为了保障农村基层组织的正常运转，每年按照国家支农惠农政策向各村集体经济组织拨付财政补助款项，包括财政转移支付资金及其他补助资金。其中，财政转移支付资金只能用于农村干部补助、日常办公经费和五保户补助；其他补助资金，如大豆、小麦、水稻等良种补贴，粮食种植补贴，超过机具价格30%的农业机械购置补贴，退耕还林补助，植树绿化补助，防火护林补助，防洪、清理河道补助，兴建农村水利设施，一事一议财政奖补等，应按国家政策规定的用途使用和支付。

（2）财政拨款的会计处理　村集体经济组织会计核算应区别不同情况对上述财政补助款项进行处理。

① 财政补助对象为村集体经济组织的，补助款项将直接划拨到村集体经济组织账户上，并按补助款项的用途分别记入“补助收入”“公积公益金”“专项应付款”“应付福利费”账户。具体为：

第一，如果补助款项为财政转移支付资金中用于支付村干部报酬和村管理费用的，以及财政拨付的用于补助村组织本年度其他费用支出的补助款项，如植树绿化补助、防火护林补助、防洪和清理河道补助等，应通过“补助收入”账户对其进行核算，并严格按照财政拨款的用途使用。

第二，如果补助款项为兴建村集体经济组织设备、设施或其他专门项目，且项目受益期超过一年的，该批拨款不应记入“补助收入”，而应视拨款的补助方式不同分别记入“公积公益金”账户或“专项应付款”账户。其中如为补助已完成项目的，且项目形成固定资产的可以直接将拨款记入“公积公益金”账户，如果项目未形成固定资产的，则应将补助款项直接冲减项目支出；如果财政拨款为财政拨入的尚未开支的具有专门用途的款项，可先通过“专项应付款”账户进行核算，等项目完成后如果形成固定资产的，转入“公积公益金”账户，未形成固定资产的，冲减项目成本支出，以利于对专项财政拨款的管理。

第三，如果补助款项为计划生育专项补助或财政转移资金中用于支付五保户、残疾人救济款的部分，应记入“应付福利费”账户，并用作其专项支出的资金来源。

② 财政补助对象为农户个人的，一般会通过“一卡通”直接拨付给农户个人。如不通过“一卡通”直接拨付给农户个人，而是通过村集体经济组织进行

分付的，应将该笔款项先记入“专项应付款”账户，等补助款发放给村民后再进行转销。

（3）账户设置

① 补助收入　本科目核算村集体经济组织收到的财政等有关部门的补助资金。

村集体经济组织收到补助资金时，借记“银行存款”等科目，贷记本科目。本科目应按补助项目设置明细科目，进行明细核算。年终，应将本科目的余额转入“本年收益”科目的贷方，结转后本科目应无余额。

② 公积公益金　本科目核算村集体经济组织从收益中提取的和其他来源取得的公积公益金。公积公益金是村集体经济组织用于扩大再生产、承担经营风险和集体文化、福利、卫生等公益事业设施建设的专用基金。其主要来源包括：a.村集体经济组织在筹集资金时，投资者实际出资额超过约定资本金比例的那部分差额；b.接受捐赠的资产及有关部门无偿拨付的专项款项；c.收到的土地征用补偿费及拍卖荒山、荒坡、荒滩和荒地等使用权得到的款项；d.使用“一事一议”资金结余时转增公积公益金；e.以固定资产形式对外进行投资时，双方协议价高于账面净值的差额；f.按规定从收益中提取的公积公益金。

从收益中提取公积公益金时，借记“收益分配”科目，贷记本科目。收到应计入公积公益金的征用土地补偿费及拍卖荒山、荒沟、荒丘、荒滩等使用权价款，或者收到由其他来源取得的公积公益金时，借记“银行存款”科目，贷记本科目。收到捐赠的资产时，借记“银行存款”“库存物资”“固定资产”等科目，贷记本科目。

按国家有关规定，并按规定程序批准后，公积公益金转增资本、弥补福利费不足或弥补亏损时，借记本科目，贷记“资本”“应付福利费”或“收益分配”科目。

本科目的期末贷方余额，反映村集体经济组织的公积公益金数额。

③ 专项应付款　本科目核算村集体经济组织已经收到国家或有关单位拨付但尚未开支的具有专门用途的款项。贷方登记收到的专项应付款，借方登记使用的专项应付款；余额一般在贷方，反映村集体经济组织尚未支付的各种专项应付款。

④ 应付福利费　本科目核算村集体经济组织从收益中提取，用于集体福利、文教、卫生等方面的福利费（不包括兴建集体福利等公益设施支出），包括照顾烈军属、五保户、困难户的支出，计划生育支出，农民因公伤亡的医药费、生活补助及抚恤金等。

村集体经济组织按照经批准的方案，从收益中提取福利费时，借记“收益分配”科目，贷记本科目；发生上述支出时，借记本科目，贷记“现金”“银行存款”等科目。

本科目的期末贷方余额，反映村集体经济组织已提取但尚未使用的福利费金额。如为借方余额，反映本年福利费超支数；按规定程序批准后，应按规定转入“公积公益金”科目的借方，未经批准的超支数额，仍保留在本科目借方。

（4）业务举例

① 收到与本年度支出相关的财政拨款

**【例7-1】**某村集体经济组织收到乡财政所转来的财政转移支付资金18 000元，其中用于支付五保户救济款的为3 000元（注：财政转移支付资金中用于支付五保户、残疾人救济款的部分记入“应付福利费”账户）。

借：银行存款　　18 000

　　贷：补助收入——财政转移支付资金　　15 000

　　　　应付福利费——财政转移支付资金　　3 000

**【例7-2】**某村集体经济组织按照规定收到防洪、清理河道补助100 000元。

借：银行存款　　100 000

　　贷：补助收入——防洪、清理河道补助　　100 000

② 收到受益期超过一年的财政拨款

**【例7-3】**某村集体经济组织收到财政拨付的卫生所改造费30 000元，卫生所项目已改造完成。

借：银行存款　　30 000

　　贷：公积公益金——卫生所改造费　　30 000

**【例7-4】**某村集体经济组织准备修建村内水泥路，为此筹集一事一议资金100 000元，申请财政拨入的一事一议财政奖补资金50 000元。

借：银行存款　　150 000

　　贷：一事一议资金　　100 000

　　　　专项应付款——财政奖补　　50 000

③ 收到福利费用拨款

**【例7-5】**某村集体经济组织收到财政拨付的计划生育补助款10 000元。

借：银行存款　　10 000

　　贷：应付福利费——计划生育补助　　10 000

2. 征地、拍卖、接受捐赠等收入

（1）征地补偿费　征收耕地的补偿费用包括土地补偿费、安置补助费以及地上附着物和青苗的补偿费。根据政策规定，征地补偿费分为两部分，一部分是属于村集体经济组织的征地补偿费，另一部分是属于农户个人或承包经营者的征地补偿费。征地补偿费中属于村集体经济组织的部分应记入“公积公益金”账户进行核算，属于农户的应发放给农户个人。

在实际工作中，村集体经济组织在收到征地补偿费时，并不能及时地划清哪部分是属于集体的，哪部分是属于农户个人或承包经营商的，征地补偿费从资金划拨到按分配方案进行分配需要一段时间。在此期间，如果分配计划时间较长可以先将这部分资金通过“专项应付款”账户核算，然后视其分配方案将归属村集体经济组织的部分转作“公积公益金”，将归属于个人的部分贷记“现金”账户，并予以发放。

【例7-6】国家建设征用土地，某村集体经济组织收到村属土地征用补偿费200 000元，款存银行。

借：银行存款　200 000

　　贷：公积公益金　200 000

【例7-7】某村集体经济组织收到征地补偿款10 000 000元，其中按规定4 000 000元用于失地农民安置费，2 000 000元用于为失地农民购买养老保险，其余用于生产性、建设性支出和必要的办公经费等，但用于办公的经费必须经过村民会议讨论通过并报上级批准。

① 收到土地补偿款时

借：银行存款　10 000 000

　　贷：专项应付款——征地补偿款　10 000 000

② 支付失地农民安置费

借：专项应付款——征地补偿款　4 000 000

　　贷：银行存款　4 000 000

③ 为失地农民购买养老保险

借：专项应付款——征地补偿款　2 000 000

　　贷：银行存款　2 000 000

④ 将剩余的款项转作公积公益金

借：专项应付款——征地补偿款　4 000 000

　　贷：公积公益金　4 000 000

⑤ 确实因村级经费不足，经村民会议通过用于办公的经费100 000元

借：管理费用　　100 000

　贷：现金　　100 000

（2）拍卖使用权和村属企业　拍卖荒山、荒坡、荒滩和荒地等使用权，拍卖村属企业取得的款项，应作为“公积公益金”入账。如拍卖款项中有属于村民个人的部分，应先将全部拍卖款作为专项应付款进行核算，其后再按照款项的用途将属于村集体经济组织集体所有的部分转作公积公益金。

**【例7-8】**某村集体经济组织拍卖荒山一座，计102公顷，期限100年，收到款项250 000元。

借：银行存款　　250 000

　贷：公积公益金——拍卖荒山款项　　250 000

（3）接受捐赠　接受捐赠收到的款项或其他资产，应作为“公积公益金”核算。

**【例7-9】**某村集体经济组织收到乡镇企业捐赠的水泥50吨，计价10 000元，入库备用。

借：库存物资——水泥　　10 000

　贷：公积公益金——接受捐赠　　10 000

（4）村民以劳动力筹工　村集体经济组织在举办生产、公益事业时，常通过一事一议的方式向村民筹资、筹工，筹工时，直接记入“公积公益金”账户，并同时增加“在建工程”成本。

**【例7-10】**某村集体经济组织在学校的建造过程中，村民以劳动力筹工，共投入劳动力500工时，计价5 000元。

借：在建工程——学校　　5 000

　贷：公积公益金　　5 000

### 3. 一事一议资金

一事一议资金是指村集体经济组织兴办生产、公益事业，按一事一议的形

式筹集的专项资金。

村集体经济组织应于一事一议筹资方案经成员大会或成员代表大会通过时，借记“内部往来”科目，贷记本科目；收到农户交来的一事一议专项筹资时，借记“现金”等科目，贷记“内部往来”科目。

村集体经济组织使用一事一议资金购入不需要安装的固定资产的，借记“固定资产”科目，贷记“现金”“银行存款”等科目，同时，借记本科目，贷记“公积公益金”科目。

村集体经济组织使用一事一议资金购入需要安装或建造固定资产的，借记“在建工程”科目，贷记“现金”“银行存款”等科目。固定资产完工后，借记“固定资产”科目，贷记“在建工程”科目，同时，借记本科目，贷记“公积公益金”科目。

村集体经济组织对于使用一事一议资金而没有形成固定资产的项目，在项目支出发生时，借记“在建工程”科目，贷记“现金”“银行存款”等科目；项目完成后按使用一事一议资金金额，借记“管理费用”“其他支出”等科目，贷记“在建工程”科目，同时，借记本科目，贷记“公积公益金”科目。

本科目应按所议项目设置明细科目，进行明细核算。同时，必须另设备查账簿对一事一议资金的筹集和使用情况进行登记。

本科目的期末贷方余额，反映村集体经济组织应当用于一事一议专项工程建设的资金；期末借方余额，反映村集体经济组织一事一议专项工程建设的超支数。

**【例7-11】**2019年6月10日，西寨村集体经济组织通过成员大会决定通过一事一议筹资方式修建本村学校，按照预算每人筹资20元，共计46 000元。2019年6月15日，收回款项45 000元，1 000元暂欠。工程开工后购买物资支付41 000元，支付工人工资4 000元。将本次实际支出全部转为集体积累。

（1）筹资方案审核批准时

借：内部往来　　46 000

　　贷：一事一议资金——学校　　46 000

（2）收到筹资款时

借：银行存款　　45 000

　　贷：内部往来　　45 000

（3）使用筹资款时

借：在建工程——学校　　45 000（41 000+4 000）

贷：银行存款 41 000

现金 4 000

（4）工程完工，结转固定资产时

借：固定资产——学校 45 000

贷：在建工程——学校 45 000

（5）将实际支付金额转为集体积累

借：一事一议资金 45 000

贷：公积公益金——一事一议资金 45 000

4. 其他收入

本科目核算村集体经济组织除“经营收入”“发包及上交收入”“农业税附加返还收入”和“补助收入”以外的其他收入，如罚款收入、存款利息收入、固定资产及库存物资的盘盈收入等。

发生其他收入时，借记“现金”“银行存款”等科目，贷记本科目。

年终，应将本科目的余额转入“本年收益”科目的贷方，结转后本科目应无余额。

【例7-12】西寨村集体收到村民交来的损害公物的罚款500元。

借：银行存款 500

贷：其他收入 500

【例7-13】村集体经济组织盘存资产时，盘盈玉米400千克，计价400元。

借：库存物资——玉米 400

贷：其他收入 400

【例7-14】村集体经济组织出售房屋5间，原值40 000元，已提折旧10 000元，售价50 000元，款项存入银行。

（1）将处置资产转入清理

借：固定资产清理——房屋 30 000

累计折旧 10 000

贷：固定资产——房屋 40 000

（2）出售资产

借：银行存款 50 000

贷：固定资产清理——房屋 50 000

（3）结转清理账户

借：固定资产清理——房屋　　20 000

　　贷：其他收入　　20 000

## 二、资金使用业务核算

### 1. 管理费用的核算

管理费用一般包括村集体经济组织管理活动发生的各项支出，如村干部的工资、办公费、差旅费、管理用固定资产的折旧和维修费用等。

发生上述各项费用时，借记本科目，贷记“应付工资”“现金”“银行存款”“累计折旧”等科目。

本科目应按费用项目设置明细科目，进行明细核算。年终，应将本科目的余额转入“本年收益”科目的借方，结转后本科目应无余额。

**【例7-15】**西寨村集体经济组织结算当月村干部工资补助3 000元。

（1）结算时

借：管理费用——干部报酬　　3 000

　　贷：应付工资　　3 000

（2）领取时

借：应付工资　　3 000

　　贷：应收款——乡经管站　　3 000

注：本业务中，村干部工资由乡经管站直接发放，由乡经管站从财政转移支付资金中扣除后将其余转移支付资金下拨至各村账户，村集体经济组织与乡经管站之间的往来通过“应收款”账户进行核算，因而村干部工资的发放作为“应收款——乡经管站”的减少额记入该账户的贷方；如果乡经管站将全部财政转移支付资金下拨至村集体经济组织，由其自行支付工资，则该业务的会计分录如下。

借：应付工资　　3 000

　　贷：现金　　3 000

【例7-16】西寨村集体经济组织用现金购买办公用品，共计500元。

借：管理费用　　500

　贷：现金　　500

【例7-17】村集体经济组织会计李天参加会计培训，借现金1 000元。培训结束后，经领导审核准予报销车票、补助等差旅费800元，余200元退回。

（1）借款时

借：内部往来——李天　　1 000

　贷：现金　　1 000

（2）报销时

借：管理费用——差旅费　　800

　现金　　200

　贷：内部往来——李天　　1 000

2. 应付福利费支出的核算

本科目核算村集体经济组织从收益中提取，用于集体福利、文教、卫生等方面的福利费（不包括兴建集体福利等公益设施支出），包括照顾烈军属、五保户、困难户的支出，计划生育支出，农民因公伤亡的医药费、生活补助及抚恤金等。

村集体经济组织按照经批准的方案，从收益中提取福利费时，借记“收益分配”科目，贷记本科目；发生上述支出时，借记本科目，贷记“现金”“银行存款”等科目。

本科目应按支出项目设置明细科目，进行明细核算。本科目的期末贷方余额，反映村集体经济组织已提取但尚未使用的福利费金额。如为借方余额，反映本年福利费超支数；按规定程序批准后，应按规定转入“公积公益金”科目的借方，未经批准的超支数额，仍保留在本科目借方。

【例7-18】西寨村集体经济组织本月用现金支付计划生育支出1 000元。

借：应付福利费——计划生育支出　　1 000

　贷：现金　　1 000

【例7-19】西寨村集体经济组织用现金支付春节文艺活动开支3 000元。

借：应付福利费　　3 000

　贷：现金　　3 000

【例7-20】西寨村集体经济组织用现金6 000元购入水果、油等，为村民发放中秋福利。

借：应付福利费　　6 000

　　贷：现金　　6 000

如果用村自产的农产品发放福利，则会计分录如下。

借：应付福利费　　6 000

　　贷：库存物资　　6 000

3. 其他支出的核算

村集体经济组织的其他支出核算公益性固定资产折旧费、固定资产及库存物资盘亏、处理固定资产的净损失、罚没支出、防汛抢险支出、利息支出、确实无法收回的坏账损失等。

【例7-21】西寨村集体经济组织用现金支付防洪清理河道费用共计10 000元。

借：其他支出　　10 000

　　贷：现金　　10 000

【例7-22】东寨村集体经济组织归还到期短期借款10万元，利息0.7万元。

借：短期借款　　100 000

　　其他支出　　7 000

　　贷：银行存款　　107 000

4. 购建设施、项目的核算

（1）固定资产购建及折旧核算

【例7-23】西寨村集体经济组织2019年6月固定资产折旧如下：管理用房屋、汽车本月分别计提500元和6 000元；公益用房屋计提1 000元。

借：管理费用　　6 500

　　其他支出　　1 000

　　贷：累计折旧　　7 500

（2）购建未形成固定资产的设施或项目　按照制度规定，村集体经济组织所购建的设施有时并不作为固定资产核算，如村组织修建的水泥路，一般不作为固定资产核算，而是在“其他支出”中核算。在实际核算时，为了核算这部分购建支出金额，通常可以将购建过程中发生的支出先通过“在建工程”账户进行归集；项目完工后，以“在建工程”账户的余额冲减该项目的财政补助款（如专项应付款），将其余额记入“其他支出”账户。如果购建集体设施支出是采用一事一议资金方式进行筹资的，在工程完工后，即使其未形成固定资产，也应将一事一议资金转为“公积公益金”。

**【例7-24】**村集体经济组织为造福村民，决定硬化村公路，工程资金预算60 000元，具体筹资方式如下：乡财政拨付村村通油路补贴款50 000元，其余10 000元由“一事一议资金”筹资。其会计分录如下。

① 资金筹集时

| |  |  |
|---|---|---|
| 借：银行存款 | 60 000 | |
| 　　贷：专项应付款——村村通油路补贴款 | | 50 000 |
| 　　　　一事一议资金——水泥路资金 | | 10 000 |

② 工程支出时

| |  |  |
|---|---|---|
| 借：在建工程 | 60 000 | |
| 　　贷：银行存款 | | 60 000 |

③ 项目完工时

| |  |  |
|---|---|---|
| 借：专项应付款——村村通油路补贴款 | 50 000 | |
| 　　其他支出 | 10 000 | |
| 　　贷：在建工程 | | 60 000 |

④ 结转已使用一事一议资金额

| |  |  |
|---|---|---|
| 借：一事一议资金——水泥路资金 | 10 000 | |
| 　　贷：公积公益金 | | 10 000 |

## 三、货币资金与往来款项的管理与核算

本部分内容与农民专业合作社会计处理相同，只是合作社中的“成员往来”在这里改为“内部往来”。

## 四、收益的形成与分配

1. 收益的构成

收益是指村集体经济组织在当年通过从事生产经营服务和管理活动所取得的净收入。

收益总额＝经营收益（经营收入＋发包及上交收入＋投资收益－经营支出－管理费用）＋补助收入＋其他收入－其他支出

【例7-25】某村集体经济组织年终将各损益类账户余额转入“本年收益”账户，具体参见表7-3进行核算。

表7-3　某村本年收益金额表

| 账户名称 | 金额/元 | 账户名称 | 金额/元 |
|---|---|---|---|
| 经营收入 | 330 000 | 经营支出 | 230 000 |
| 发包及上交收入 | 102 200 | 其他支出 | 25 800 |
| 其他收入 | 25 400 | 管理费用 | 21 100 |

借：本年收益　276 900
　　贷：经营支出　230 000
　　　　其他支出　25 800
　　　　管理费用　21 100

借：经营收入　330 000
　　发包及上交收入　102 200
　　其他收入　25 400
　　贷：本年收益　457 600

2. 收益的分配

本科目核算村集体经济组织当年收益的分配（或亏损的弥补）和历年分配后的结存余额。本科目设置“各项分配”和“未分配收益”两个二级科目。

村集体经济组织用公积公益金弥补亏损时，借记“公积公益金”科目，贷记本科目（未分配收益）。

按规定提取公积公益金、提取应付福利费、外来投资分利、进行农户分配等时，借记本科目（各项分配），贷记“公积公益金”“应付福利费”“应付款”“内部往来”等科目。

年终，村集体经济组织应将全年实现的收益总额，自“本年收益”科目转入本科目，借记“本年收益”科目，贷记本科目（未分配收益），如为净亏损，做相反会计分录。同时，将本科目下的“各项分配”明细科目的余额转入本科目“未分配收益”明细科目，借记本科目（未分配收益），贷记本科目（各项分配）。年度终了，本科目的“各项分配”明细科目应无余额，“未分配收益”明细科目的贷方余额表示未分配的收益，借方余额表示未弥补的亏损。

年终结账后，如发现以前年度收益计算不准确，或有未反映的会计业务，需要调整增加或减少本年收益的，也在本科目（未分配收益）核算。调整增加本年收益时，借记有关科目，贷记本科目（未分配收益）；调整减少本年收益时，借记本科目（未分配收益），贷记有关科目。

本科目的余额为历年积存的未分配收益（或未弥补亏损）。

**【例7-26】** 某村集体经济组织当年实现收益100 000元，根据有关政策规定，经村民代表会议讨论通过，按下列方案进行收益分配：按45%提取公积公益金、按10%提取福利费、按5%进行投资分利、按15%分配农户。其会计分录如下。

（1）结转本年收益时

借：本年收益　　100 000

　　贷：收益分配——未分配收益　　100 000

（2）提取公积公益金时

借：收益分配——各项分配　　45 000

　　贷：公积公益金　　45 000

（3）提取福利费时

借：收益分配——各项分配　　10 000

　　贷：应付福利费　　10 000

（4）提取投资分利款时

借：收益分配——各项分配　　5 000

　　贷：应付款——应付投资分利款　　5 000

（5）转付分利款时

借：应付款——应付投资分利款　　5 000

　　贷：银行存款　　5 000

（6）农户分配时

借：收益分配——各项分配　　15 000

　　贷：内部往来——各农户　　15 000

（7）实际支付农户时

借：内部往来——各农户　　15 000

　　贷：现金　　15 000

（8）结转各项分配时

借：收益分配——未分配收益　　75 000

　　贷：收益分配——各项分配　　75 000

## 第三节　村集体经济组织特殊业务会计处理

村集体经济组织经济业务众多，为了使读者能更好地根据本地区村集体经济组织的具体情况进行有针对性的学习，本节按照村集体经济组织的业务内容将村集体经济组织分为工业品生产加工型、承包租赁型、对外投资型、农作物生产型、林木种植型和牲畜（禽）养殖型六类经济组织，并以这些组织为主体，以其典型业务为例，介绍村集体经济组织特殊业务的处理。其中，工业品生产加工型村集体经济组织会计业务处理中完整地介绍了该类组织进行生产经营活动的全部业务，其中一些业务，如筹资业务、库存物资收发业务、固定资产取得与折旧业务、成本计算程序与基本方法等，为各类型组织的共同性业务，在其他相关内容中不再重复。

### 一、工业品生产加工型村集体经济组织会计业务处理

工业品生产加工型村集体经济组织一般开设有村属工厂，作为村集体经济组织所属的工厂，其主要生产活动是以当地生产的农产品为原材料进行生产加工，并最终生产加工成各种工业产品进行销售。其生产过程如图7-1所示。

下面以小王村属工厂为例进行介绍。小王村属工厂是一个以收购当地农村种植的红薯、马铃薯（土豆）为原材料，并将其加工成各种红薯粉条、土豆粉条出售的村属工厂。

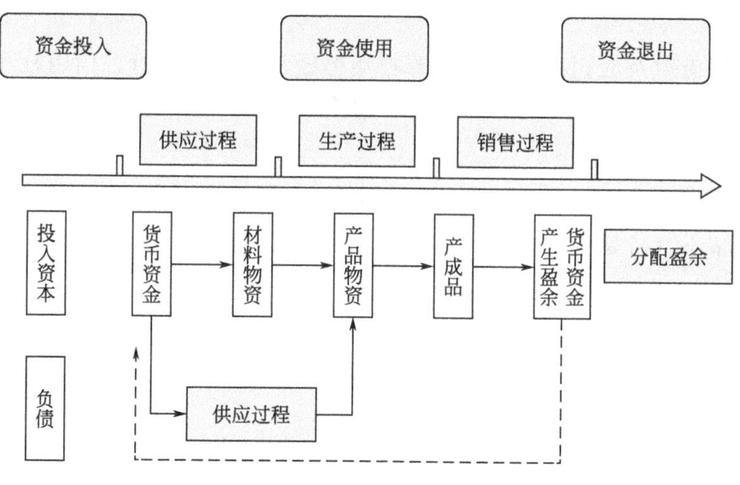


**图7-1　工业品生产加工型村集体经济组织的资金运动**

### 1. 筹集资金业务核算

农村集体经济组织资金的筹集主要来源于以下五个方面：投资者投入资本，从银行、金融机构及企业、个人处借入资金，财政拨款，一事一议资金和其他收入。这里重点介绍投入资本、借款和经营性生产获得的财政补助款项，其他筹资业务内容已经在前面章节做了介绍，这里不再重复。

（1）投资者投入资本　资本是指投资者投入村集体经济组织的财产物资及劳务的价值。"投资者"包括村集体经济组织本身、外单位和个人、村集体经济组织所属单位以及农户等。

**【例7-27】**2019年6月1日，西寨村集体经济组织收到红星企业投入的全新机器设备一台，计价20 000元，红星企业拥有的资本金额为20 000元。

借：固定资产　　20 000

　　贷：资本——红星企业　　20 000

**【例7-28】**2019年6月5日，西寨村集体经济组织收到农户张三投入的现金3 000元。

借：现金　　3 000

　　贷：资本——张三　　3 000

（2）借入款项　"短期借款"账户核算村集体经济组织从银行、信用社和有关单位、个人借入的期限在一年以下（含一年）的各种借款。

“长期借款及应付款”账户核算村集体经济组织从银行、信用社和有关单位、个人借入的期限在一年以上的各种借款。

**【例7-29】** 2019年6月1日，西寨村集体经济组织向农村信用社借一笔期限为6个月的款项100 000元，年利率为12%，到期一次还本付息。

① 借入款项时

借：银行存款　　100 000

　　贷：短期借款——农村信用社　　100 000

② 6月末计提利息时

借：其他支出　　1 000（100 000×12%÷12）

　　贷：应付款——应计利息　　1 000

③ 11月30日，偿还本金及利息时

借：短期借款——农村信用社　　100 000

　　应付款——应计利息　　6 000

　　贷：银行存款　　106 000

（3）财政补贴——与生产加工相关的财政补贴　工业品生产加工型村集体经济组织收到的与生产加工相关的财政补贴应通过“专项应付款”“公积公益金”账户进行核算。

**【例7-30】** 西寨村工厂收到农业综合开发办拨来的粉条加工项目补贴款100 000元，已存入银行，假设该款项今后不需归还。会计分录如下。

借：银行存款　　100 000

　　贷：专项应付款　　100 000

接上，西寨村工厂用上述财政拨款及自有款项购买了机器设备一台，价值200 000元。其会计分录如下。

借：固定资产　　200 000

　　贷：银行存款　　200 000

同时结转专项应付款100 000元，

借：专项应付款——粉条加工　　100 000

　　贷：公积公益金——财政补贴　　100 000

2. 生产准备业务核算

西寨村工厂所生产的产品是以红薯和土豆为原材料，先加工成红薯粉和土豆粉，再进一步加工成各种宽窄不同的粉条和粉丝。为了满足生产的需要，村工厂需要购买粉条加工生产线等固定资产及当地村民种植的红薯和土豆。

（1）构建固定资产

**【例7-31】**村工厂购入不需要安装的机器设备一台，发票价格100 000元，另支付包装费6 000元、运输费4 000元，以银行存款统一付讫。

借：固定资产　　110 000

　　贷：银行存款　　110 000

**【例7-32】**村工厂从山西天天机械厂购入需要安装的粉丝生产线一条，发票价格900 000元，支付运输费10 000元、安装费50 000元，款项尚未支付。

① 购买设备

借：在建工程——红薯粉生产线　　900 000

　　贷：应付款——天天机械厂　　900 000

② 支付设备运输费

借：在建工程——红薯粉生产线　　10 000

　　贷：应付款——天天机械厂　　10 000

③ 支付设备的安装费用

借：在建工程——红薯粉生产线　　50 000

　　贷：应付款——天天机械厂　　50 000

④ 设备安装完毕交付使用

借：固定资产——红薯粉生产线　　960 000

　　贷：在建工程——红薯粉生产线　　960 000

（2）收购加工材料　村集体经济组织的主要加工材料一般为收购当地生产的农副产品。

**【例7-33】**西寨村工厂根据收购合同在年内向村民收购红薯3 600 000千克，每千克0.4元，村集体经济组织先支付收购款1 440 000元的90%，其余款项按合同规定于购入种苗时付清。另用现金支付挑选整理费36 000元，红薯已验收入库。另外，西寨村工厂还购入了非本村村民的红薯5 000千克，共计2 000元，尚未支付款项。

① 计算库存物资红薯的成本＝1 440 000+36 000＝1 476 000（元）

借：库存物资——红薯　　1 476 000

　　贷：现金　　1 332 000

　　　　内部往来——种植户　　144 000

② 村民订购种苗时支付剩余货款的10%

借：内部往来——种植户　　144 000

　　贷：现金　　144 000

本批购入的红薯的单位成本＝1 476 000/3 600 000＝0.41（元）

③ 购入非本村村民的红薯

借：库存物资——红薯　　2 000

　　贷：应付款——××　　2 000

注意：工业品生产加工类型的村集体经济组织按照国家税法的规定应交纳增值税。我们把加工类型的村集体经济组织分为一般纳税人和小规模纳税人两类，一般纳税人购入农产品作为原料时应将收购价的9%作为进项税额进行核算，留待以后销售加工产品时用销项税额扣除进项税额后计算应交增值税，这样其计入“库存物资”的成本就是收购价的91%；如果为小规模纳税人，则采用简易征收法，在收购农副产品时不扣进项税额，而是在销售时直接按照销售额的3%计算应交增值税。为简化核算，同时也为更加切合农村经济的实际，我们假设小王村工厂为小规模纳税人，在销售发生时一次计算交纳应交增值税。

### 3. 生产过程业务核算

一般成本计算程序为：

a. 确定成本计算对象　就是确定需要核算成本的某产品或某劳务。

b. 确定成本计算期　就是确定多长时间计算一次成本。工业品生产加工类型村集体经济组织的成本计算期一般为1个月。

c. 明确成本项目　成本项目是指其在生产农产品、工业产品和对外提供劳务过程中发生的各种耗费。成本项目一般包括直接材料、直接人工、间接费用。

d. 正确划分成本开支范围　凡是有专门资金来源的开支，如公积公益金等开支不能计入产品成本，凡是不符合财务制度规定的不合理不合法的开支也不允许计入产品成本。

e. 要选择合理的简便易行的费用和用工的分摊方法　间接费用一定要按照分摊合理、切合实际和简便易行的原则，选择适当的分摊标准在有关产品之间进行分摊。

f. 正确计算产成品和在产品的成本　村集体经济组织生产的产品，在成本结算期末可能存在着在产品，因此需要将成本费用在产成品和在产品之间进行分配，以计算入库产品的总成本和单位成本。

（1）材料费用的核算　村集体经济组织库存物资的发出可以采用不同的计价方法，一般加权平均法最为简单实用，是村集体经济组织库存物资发出计价的主要方法。

**【例7-34】** 西寨村工厂本月共发出红薯900 000千克用于加工宽粉条，发出红薯600 000千克用于加工细粉条，红薯为本月统一收购，由于与农民签订了采购合同，这批红薯的价格为统一收购价0.4元/千克。

宽粉条的成本＝900 000×0.4＝360 000（元）

细粉条的成本＝600 000×0.4＝240 000（元）

借：生产成本——宽粉　　360 000

　　　　　　——细粉　　240 000

　贷：库存物资——红薯　　600 000

（2）人工费用的核算

**【例7-35】** 西寨村工厂月末分配本月人工费用，本月发生工人工资100 000元，其中生产宽粉工人的工资为60 000元、细粉工人的工资为40 000元。本月发生车间管理人员工资10 000元，行政管理部门人员工资20 000元，车间管理人员工资按生产工人工资比例在宽粉和细粉之间进行分配。

车间管理人员工资的分配率＝10 000÷100 000＝0.1

车间管理人员工资应计入宽粉条的成本＝60 000×0.1＝6 000（元）

车间管理人员工资应计入细粉条的成本＝40 000×0.1＝4 000（元）

应计入宽粉成本的人工费用＝60 000+6 000＝66 000（元）

应计入细粉成本的人工费用＝40 000+4 000＝44 000（元）

按照上述人工费用不同的受益对象，应编制会计分录如下。

借：生产成本——宽粉　　66 000

　　　　　　——细粉　　44 000

　　管理费用　　20 000

　贷：应付工资　　130 000

（3）其他费用的核算　其他费用主要包括固定资产折旧费、生产车间发生的水电费、办公费、差旅费等有关费用。其他费用在核算时，通常先将其分为车间发生的费用和行政管理部门发生的费用。对于车间费用应作为间接费用在所生产的产品中选择合适的分配方法进行分配，计入产品的成本。

【例7-36】西寨村工厂2019年6月份生产了宽粉、细粉两种产品。有关资料如下：本月行政管理部门发生水电费2 500元，车间发生水电费等间接费用30 000元，宽粉生产工人工资为60 000元，细粉生产工人工资为40 000元。以生产工人工资为间接费用的分配标准。

①根据间接费用总额和生产工人工时计算分配率：

间接费用分配率＝30 000÷（60 000+40 000）＝0.3

②计算各种产品应负担的间接费用：

分配给宽粉的间接费用＝60 000×0.3＝18 000（元）

分配给细粉的间接费用＝40 000×0.3＝12 000（元）

| | | |
|---|---|---|
| 借：生产成本——宽粉 | 18 000 | |
| 　　　　　——细粉 | 12 000 | |
| 　管理费用 | 2 500 | |
| 　贷：银行存款 | | 32 500 |

（4）产品成本的计算与结转　月末，将生产完工的产品验收入库，并将完工产品成本从“生产成本”账户转入“库存物资”账户；尚未完工的产品，即在产品，其成本继续保留在“生产成本”账户，反映月末在产品的生产成本。因此，每月月末应正确计算完工产品成本。

【例7-37】西寨村工厂2019年6月共生产宽粉360 000千克、细粉240 000千克，全部完工验收入库。本月生产宽粉投入直接材料720 000元，直接人工60 000元，分配间接费用75 924元；生产细粉投入直接材料480 000元，直接人工40 000元，分配间接费用50 616元。计算并结转本月生产宽粉及细粉的生产成本。

| | | |
|---|---|---|
| 借：库存物资——宽粉 | 855 924 | |
| 　　　　　——细粉 | 570 616 | |
| 　贷：生产成本——宽粉 | | 855 924 |
| 　　　　　　——细粉 | | 570 616 |

### 4. 销售过程业务核算

产品销售一方面会带来收入的增加，作为“经营收入”进行核算，另一方面会增加产品销售成本，作为“经营支出”进行核算，同时对于按照国家税收政策应交纳增值税的村集体经济组织还应按时交纳增值税。

**【例7-38】**小王村工厂出售已入库宽粉100 000千克，每千克售价4元，已收到款项并存入银行，宽粉入库成本为每千克2.368 6元。

在进行这笔业务的核算前，先要强调业务所涉及的增值税的计算及交纳问题，按照国家对农副产品生产、销售的优惠政策，如果村集体经济组织生产销售的是初级农业产品的，可能免收增值税；但是，如果所销售的是以农产品为原材料的加工品，如红薯粉，就不是免税的范围了，应该交纳税金。作为小王村工厂这样的小规模纳税人，其交纳的增值税应在销售收入发生时计算。计算公式为：$\frac{\text{销售额}}{1+3\%}\times 3\%$，将销售额减去税金的金额作为经营收入进行记录，将应交的税额记入“应交税费”账户。

① 出售时

应交纳的增值税税额$=\frac{400\ 000}{1+3\%}\times 3\% = 11\ 650.49$（元）

经营收入额$=400\ 000-11\ 650.49=388\ 349.51$（元）

借：银行存款　　400 000

　　贷：经营收入——宽粉销售收入　　388 349.51

　　　　应交税费——应交增值税　　11 650.49

② 结转销售成本时

经营成本$=2.368\ 6\times 100\ 000=236\ 860$（元）

借：经营支出——宽粉销售成本　　236 860

　　贷：库存物资——宽粉　　236 860

**【例7-39】**接上例，年末将本笔业务所产生的经营收入和经营成本转入“本年收益”账户，会计分录如下。

借：经营收入　　388 349.51

　　贷：本年收益　　388 349.51

借：本年收益　　236 860

　　贷：经营支出　　236 860

## 二、承包租赁型村集体经济组织会计业务处理

承包租赁型村集体经济组织是以农户和其他单位承包集体耕地、林地、果园、鱼塘及村办企业等以取得发包及上交收入，以及将村集体经济组织的资产如房屋等对外租赁以取得租赁收入为收入来源的村组织。该类型村集体经济组织的主要业务是与承包商、租赁方签订合同，并对取得的发包收入、租赁收入及与租赁承包相关的支出等进行核算。租赁、承包是当前村集体经济组织较为常见的业务内容，以下将针对其特殊业务进行介绍，村集体经济组织的日常核算及与生产加工型村集体经济组织核算内容相同的，如固定资产折旧等业务不再重复介绍。

在此以东景村集体经济组织为例进行介绍。东景村地理位置靠近乡镇，周围已经开发了很多工业园区，该村将村属的企业、机动地、果园等承包给个人或单位经营，将靠近城镇的房屋及村属运输设备租赁给其他企业、个人使用，取得发包及租赁收入。

1. 发包及上交收入

发包及上交收入包括发包收入和上交收入两部分。

发包收入是指村集体经济组织通过将集体资产发包给农户、所属单位或其他单位和个人，按合同规定取得的承包收入。如发包集体耕地、林地、果园、水面、鱼塘等收取的承包费。

上交收入是指村办企业或与村集体经济组织有一定关系的企业及单位向村集体经济组织上交的利润或其他款项。

为了反映发包及上交收入的形式和结转情况，村集体经济组织应当设置“发包及上交收入”科目进行核算，该科目贷方登记村集体经济组织实现的发包及上交收入，借方登记结转本年度收益的发包及上交收入。年终结转本年收益后，该科目无余额。为详细反映发包及上交收入的具体情况，村集体经济组织应当设置“发包收入”“上交收入”两个二级科目，进行明细核算。

（1）村集体经济组织收到上交的承包金和利润时，借记“现金”“银行存款”等科目，贷记“发包及上交收入”科目；年终结算本年应收未收的承包金和利润时，借记“内部往来”或“应收款”科目，贷记“发包及上交收入”科目。

**【例7-40】**2019年6月30日，东景村集体经济组织收到村办砖厂上交的当年利润10 000元，款项已送存开户银行，12月31日，按照合同规定，该厂仍需上交当年利润5 000元。

① 6月30日，村集体经济组织应作如下账务处理

借：银行存款　　10 000

　　贷：发包及上交收入——上交收入　　10 000

② 12月31日，村集体经济组织应作如下账务处理

借：内部往来——村砖厂　　5 000

　　贷：发包及上交收入——上交收入　　5 000

【例7-41】2019年1月1日，东景村集体经济组织与西景村农户陈某签订了承包鱼塘的合同，合同规定，该农户自2019年1月1日起承包，承包期3年，每年承包金5 000元。2019年6月30日，收到陈某交来的鱼塘承包金3 000，款项已送村开户银行。因2019年秋季受内涝影响，鱼塘损失较重，2019年12月31日，经社员大会批准，将陈某尚欠的2019年承包金减免为1 500元，陈某尚未支付所欠承包金。

① 2019年6月30日，村集体经济组织应作如下账务处理

借：银行存款　　3 000

　　贷：发包及上交收入——发包收入　　3 000

② 2019年12月31日，村集体经济组织应作如下账务处理

借：应收款——陈某　　1 500

　　贷：发包及上交收入——发包收入　　1 500

注：承包人为外村承包者账户用应收款，如为本村承包者则用内部往来账户。

【例7-42】2019年1月1日，东景村集体经济组织与本村种田大户李某签订了承包村内机动耕地的合同，每年承包金总金额为15 000元，合同规定，每年年初上交50%的承包金，其余50%应于年度终了时交纳。2019年1月25日，村集体经济组织收到了李某交来承包金7 500元，已送存银行。2019年12月31日，村集体经济组织收到了李某交来本年度剩余承包金5 000元，并送存银行。由于李某家里有人员患重病等原因，未能上交剩余的承包金2 500元。经社员大会讨论决定，对李某适当减免承包金，只需再交纳承包金1 000元。

① 2019年1月25日，村集体经济组织应作如下账务处理

借：银行存款　　7 500

　　贷：发包及上交收入——发包收入　　7 500

② 2019年12月31日，村集体经济组织应作如下账务处理

借：银行存款 5 000

内部往来——李某 1 000

贷：发包及上交收入——发包收入 6 000

（2）收到以前年度应收未收的发包收入和上交收入的账务处理 村集体经济组织收到以前年度应收未收的发包收入和上交收入时，借记“现金”“银行存款”等科目，贷记“内部往来”或“应收款”科目。

【例7-43】承上例，2020年1月10日，李某交来了2019年尚欠的承包金1 000元。

村集体经济组织应作如下账务处理。

借：现金 1 000

贷：内部往来 1 000

【例7-44】2019年11月20日，东景村集体经济组织收到村水泥厂以现金上交的当年利润7 200元和2018年欠交的利润2 300元。村集体经济组织已将2018年村水泥厂欠交的利润记入了2018年的收入中。

2019年11月20日，村集体经济组织应作如下账务处理，

借：现金 9 500

贷：发包及上交收入——上交收入 7 200

内部往来——村水泥厂 2 300

【例7-45】年终，村集体经济组织将承包收入72 200元、上交收入90 000元，全部结转。会计分录如下。

借：发包及上交收入——发包收入 72 200

——上交收入 90 000

贷：本年收益 162 200

2. 租赁收入

租赁收入是指村集体经济组织将集体的生产资料出租给村民或其他单位及个人所取得的收入，如将村集体所有的房屋、运输设备、土地使用权出租等取得租赁收入。

租赁经营和承包经营都是在两权分离基础上进行的，但租赁与承包还是存

在一定的差别：一是对象不同，租赁对象是集体不动产和设备（如房地产、农机具等），而承包对象是与土地经营相关联成果（农产品）；二是所有权与经营权分离的程度不同，租赁经营是承包经营的深化和发展，是比承包经营的“两权分离”更为彻底，承租者自主经营权更大，承包经营权是在村集体经济组织的控制下行使的；三是对外开展业务的名义不同，租赁者以自己的名义进行经营活动，承包者以发包方的名义从事经营活动。

**【例7-46】**东景村将村属的临街房屋出租给康达公司作为办公用地，租赁合同规定每年租金收入为200 000元，于每年年初时一次性以银行存款付清，当年已收租金。

借：银行存款　　200 000

　　贷：经营收入——租赁收入　　200 000

如果东景村集体经济组织尚未收到银行存款，也应在确认很可能收到该租金时，确认租赁收入。其会计分录如下。

借：应收款——康达公司　　200 000

　　贷：经营收入——租赁收入　　200 000

**【例7-47】**东景村集体经济组织将村属运输设备租赁给村民王明进行运输营运，租赁合同规定每月租金收入为5 000元，于月初时以现金付清。合同成立，村民王明尚未交纳款项。会计分录如下。

借：内部往来——王明　　5 000

　　贷：经营收入——租赁收入　　5 000

**【例7-48】**年终，村集体经济组织将承包收入72 200元、上交收入900 00元、租赁收入205 000元，全部结转。

借：发包及上交收入——发包收入　　72 200

　　　　　　　　——上交收入　　90 000

　　经营收入——租赁收入　　205 000

　　贷：本年收益　　367 200

## 三、对外投资型村集体经济组织会计业务处理

村集体经济组织为了更好地经营村集体经济组织的资产，可以利用本村的现金、银行存款、实物资产等对其他企业、村集体经济组织等进行长期或短期投资。

【例7-49】2019年1月10日，东景村购入平庄能源公司股票5 000股，买入价12元，其中买价中含有已宣告发放但尚未支付的股利1元，另付佣金等费用1 000元，均以银行存款支付。该股票准备随时变现。2019年2月10日，东景村收到平庄能源公司派发的股利5 000元。10月30日，东景村因资金需要出售短期持有的平庄能源公司股票，实际收到60 000元。其会计分录如下。

① 2019年1月10日购买股票时

借：短期投资——平庄能源　　56 000

　　应收款——平庄能源股票股利　　5 000

　　贷：银行存款　　61 000

② 2019年2月10日收到股利时

借：银行存款　　5 000

　　贷：应收款——平庄能源股票股利　　5 000

③ 2019年10月30日出售股票时

借：银行存款　　60 000

　　贷：短期投资——平庄能源　　56 000

　　　　投资收益　　4 000

【例7-50】2018年7月31日，东景村以拥有的房屋对红星公司进行投资，该房屋的账面价值为1 200 000元，已提折旧200 000元。投资协议约定的价值为950 000元。红星公司于2019年2月10日宣告分配利润1 500 000元，东景村可分得利润35 000元。2019年2月27日，东景村收到红星公司支付的利润分配款35 000元。2019年11月30日，东景村以890 000元的价格转让了对红星公司的投资，款项于当日存入银行。

① 投资时

借：长期投资——红星公司　　950 000

　　累计折旧　　200 000

　　公积公益金　　50 000

　　贷：固定资产——房屋建筑物　　1 200 000

② 红星公司宣告分配利润时

借：应收款——红星公司股利　　35 000

　　贷：投资收益　　35 000

③ 收到分配的利润时

借：银行存款　　35 000

贷：应收款——红星公司股利 35 000

④ 转让该投资时

借：银行存款 890 000

投资收益 60 000

贷：长期投资——红星公司 950 000

## 四、农作物生产型村集体经济组织会计业务处理

农作物生产是指以大田作物栽培和蔬菜栽培为主的农业种植业。农作物生产型村集体经济组织开设有村属农场，生产粮食、蔬菜等农作物。该类型村集体经济组织的主要业务包括购买农作物种子、计算农产品生产成本并出售农产品等。农作物生产型村集体经济组织与工业品生产加工型村集体经济组织的资金运动过程基本相同，但由于农作物生产周期、生产管理环境与工业品的不同，使农作物的成本计算过程与工业品有所不同。

以北华村集体经济组织农场为例进行介绍。北华村农场主要生产粮食作物、经济作物、蔬菜等农作物。

### 1. 成本计算对象

农作物的产品种类是相当多的，村集体经济组织应根据农作物生产特点和成本管理要求，按照“主要从细，次要从简”的原则确定种植业成本核算对象。一般地，种植业主要产品为小麦、玉米、大豆、棉花、烟叶等，应单独作为成本计算对象核算其生产成本；而对于在这些主产品生产过程中生产的副产品可合并核算其生产成本。

### 2. 成本计算期

农作物的成本计算期应与农产品生产周期相一致，包括其从播种、栽培、成熟到形成入库农产品或者可以对外出售的农产品的期间，并在农作物产出的月份计算成本。

从收获农产品成本核算的截止时点来看，由于农作物种植一般具有季节性强、生产周期长、经济再生长和自然再生长交织的特点，生产成本计算的截止时间因农作物种植的特点而异。具体内容可参见第三章相关部分。

### 3. 农作物成本计算

（1）大田作物生产成本的计算　大田作物包括粮食作物和经济作物，大田

作物主要产品的生产成本计算应采用品种法，即以主要农产品品种为成本计算对象，并按其设置生产成本明细账，汇集各项生产费用。产品生产成本的计算要在产品产出月份进行，成本计算期与产品生产周期相一致。大田作物的成本计算包括生产总成本归集、单位面积成本计算和主产品单位产量成本。

**【例7-51】** 北华村农场种植小麦，播种面积100公顷，2019年为种植生产小麦发生下列费用支出：A.领用小麦种子90 000元，农药22 500元，化肥165 000元等库存物资；B.发生并用现金支付农场作业人员工资25 000元；C.用现金支付机械作业费、田间运输费等其他直接费用106 000元；D.计提农场生产用固定资产折旧费、农场管理人员工资，用现金支付农场生产过程中的其他间接费用，上述费用在本农场所生产的小麦、玉米之间按生产产量进行分配，经计算小麦应负担间接费用共计16 000元，其中：固定资产折旧费7 000元、生产管理人员工资2 000元和其他间接费用7 000元。

① 领用小麦种子等库存物资时

| |  |  |
|---|---|---|
| 借：生产成本——小麦 | 277 500 | |
| 贷：库存物资——种子 | | 90 000 |
| ——农药 | | 22 500 |
| ——化肥 | | 165 000 |

② 发生并发放作业人员工资时

| |  |  |
|---|---|---|
| 借：生产成本——小麦 | 25 000 | |
| 贷：应付工资 | | 25 000 |
| 借：应付工资 | 25 000 | |
| 贷：现金 | | 25 000 |

③ 用现金支付机械作业费等其他直接费用时

| |  |  |
|---|---|---|
| 借：生产成本——小麦 | 106 000 | |
| 贷：现金 | | 106 000 |

④ 用现金支付其他间接费用时

| |  |  |
|---|---|---|
| 借：生产成本——小麦 | 16 000 | |
| 贷：应付工资 | | 2 000 |
| 累计折旧 | | 7 000 |
| 现金 | | 7 000 |

发放管理人员工资时，

借：应付工资　　　　2 000

　贷：现金　　　　2 000

大田作物的总成本＝277 500+25 000+106 000+16 000＝424 500（元）

大田作物的单位面积成本＝424 500÷100＝4 245（元）

大田作物主产品成本的计算为：

某种大田作物主产品单位产量成本＝（该种作物生产总成本－副产品价值）÷该种作物主产品产量

大田作物主、副产品成本分配方法主要有两种：一是估价法，就是用总成本减去对副产品按市场价格进行的估价，得出主产品的生产成本；二是比率法，就是按照一定比率把总成本在主产品和副产品之间进行分配。具体公式如下：

总成本分配率＝待分配的成本总额÷分配标准之和（一般按计划价格总额之和）

主产品的成本分配额＝分配率×主产品的计划价格总额

副产品的成本分配额＝总成本－主产品的成本分配额

**【例7-52】**北华村农场第一生产小组2019年收获小麦900 000千克，每千克计划成本为0.4元；收获麦秸1 125 000千克，每千克计划成本为0.02元，当年实际发生的生产费用总额为424 500元，用比例法计算小麦和麦秸的实际成本如下述。

总成本分配率＝424 500÷（0.4×900 000+0.02×1 125 000）＝1.11

副产品麦秸的成本分配额＝22 500×1.11＝24 975（元）

主产品小麦的成本分配额＝424 500−24 975＝399 525（元）

根据上述计算，小麦收获后编制北华村农场农作物种植成本计算单，计算主产品单位成本，见表7-4。

**表7-4　北华村农场农作物种植成本计算单**　　2019年6月30日

| 项目 | 作物名称 | | | 合计 |
|---|---|---|---|---|
| | 小麦 | 玉米 | 棉花 | |
| 直接材料/元 | 277 500 | | | |
| 直接人工/元 | 25 000 | | | |
| 其他直接费用/元 | 106 000 | | | |

续表

| 项目 | 作物名称 | | | 合计 |
| --- | --- | --- | --- | --- |
| | 小麦 | 玉米 | 棉花 | |
| 间接费用/元 | 16 000 | | | |
| 生产费用合计/元 | 424 500 | 略 | 略 | 略 |
| 减：副产品成本/元 | 24 975 | | | |
| 主产品总成本/元 | 399 525 | | | |
| 播种面积/公顷 | 100 | | | |
| 主产品总产量/千克 | 900 000 | | | |
| 主产品单位成本/元 | 0.443 9 | | | |
| 单位面积成本/元 | 4 245 | | | |

(2) 蔬菜生产成本的计算　蔬菜按其栽培方式有露天栽培和保护地栽培两种，这部分内容和农业企业的会计核算相同，这里不再重复。

## 五、林木种植型村集体经济组织会计业务处理

林木种植型村集体经济组织一般开设有村属果园或林场，主要业务为经济型林木与非经济型林木的核算。

以下以中兴村集体经济组织果园和林场为例进行介绍。中兴村果园主要种植经济林木，中兴村林场主要种植非经济型林木。

### 1. 林木资产概述

林木资产包括经济型林木和非经济型林木两类。这两类林木资产的用途不相同，第一类林木资产作为生产工具能够重复地生产出产品，为经济林木，其特点在于能够重复地生产出相应的产品，因而其成本是通过不断出售产出的产品而获得补偿，其性质和固定资产类似，也将此类林木资产称为生产性林木资产；第二类是在砍伐后能够出售从而实现其成本补偿，为非经济型林木，其性质和存货类似，也将此类林木资产称为消耗性生物资产。由于两类林木资产的成本补偿方式不一致，在进行会计核算时必须将两类林木资产严格区分开来单独进行核算。

为了对村集体经济组织拥有的林木资产进行核算，应设置“林木资产”账户，并设置“经济林木”和“非经济林木”两个二级账户进行明细核算。

### 2. 经济林木资产的核算

“林木资产——经济林木”账户的借方登记购入或营造的经济林木的实际成本，包括购入经济林木时支付的购买价款和相关税费，以及在经济林木投产前发生的培植费用；贷方登记经济林木资产的摊销价值，以及对外售出、投资及毁损时应结转的账面价值。余额在借方，反映村集体经济组织所拥有的经济林木的实际成本。

（1）经济林木投产前的业务核算　经济林木投产前的核算主要是对育苗成本和定植抚育活动所进行的核算，树苗的育苗成本包括苗圃生产费用和起苗费用。

**【例7-53】**中兴果园果树组经营果树苗20 000株，未起苗前的苗圃费用为60 000元，其中40 000元为领用库存物资、20 000元为发放果树组员工工资。会计分录如下。

| | | |
|---|---|---|
| 借：林木资产——经济林木（果树苗） | 60 000 | |
| 　　贷：库存物资 | | 40 000 |
| 　　　　应付工资 | | 20 000 |

**【例7-54】**中兴果园果树组将经营的上述果树苗14 000株起苗，发生起苗费用2 800元，用现金支付，按起用株数比例法计算树苗产成品成本，起苗后其中10 000株用于定植抚育、4 000株以每株5元的价格出售。其计算过程和会计分录如下。

每株树苗成本＝起苗前生产费用÷（起用株数+未起用株数）

＝60 000÷（14 000+6 000）＝3（元）

树苗在产品成本＝未启用株数×每株成本＝6 000×3＝18 000（元）

树苗产成品成本＝启用株数×每株成本+起苗费用＝14 000×3+2 800

＝44 800（元）

树苗产成品单位成本＝44 800÷14 000＝3.2（元）

出售树苗成本＝3.2× 4 000＝12 800（元）

抚育树苗成本＝3.2×10 000＝32 000（元）

| | | |
|---|---|---|
| 借：经营支出 | 12 800 | |
| 　　林木资产——经济林木（果树抚育） | 32 000 | |
| 　　贷：林木资产——经济林木（果树苗） | | 44 800 |

【例7-55】中兴果园果树组为抚育果树，领用库存化肥1 000元，用现金支付人工费600元，同时为防治病虫害，以现金支付果树喷洒药剂费用200元。其会计分录如下。

借：林木资产——经济林木（果树抚育） 1 800
　　贷：库存物资——化肥 1 000
　　　　现金 800

（2）经济林木投产时的业务核算　经济林木投产意味着林木育成，可以提供林产品，经济林木由抚育阶段转为育成树阶段，应该将经济林木的账面营造成本进行结转。

【例7-56】中兴果园某种果树本期营林面积2 000亩，本期育成面积400亩，从定植到育成需4年时间。尚有800亩已抚育2年，400亩抚育1年，400亩刚刚植入。本期累计营林费用合计为324 000元。结转育成树成本计算与会计分录为：

抚育中的林木折算为育成林木的数量＝800×2/4+400×1/4+400×0＝500（亩）

分配率＝324 000÷（400+500）＝360（元/亩）

育成林木的成本400×360＝144 000（元）

在产品成本＝324 000−144 000＝180 000（元）

借：林木资产——经济林木（育成果树） 144 000
　　贷：林木资产——经济林木（果树抚育） 144 000

（3）经济林木投产后的业务核算　经济林木投产后所发生的费用，通称为采割成本，其主要成本由经济林木本年成本摊销和管护费用组成。它也构成了本年经济林木产品的总成本。

本年经济林木所产产品的总成本＝本年度该林木管护费用+本年度该林木的摊销额

本年经济林所产产品的单位成本＝本年经济林木所产产品的总成本÷本年该林木产品的总数量

【例7-57】中兴果园年末摊销本年度投产的苹果树成本，其账面成本为120 000元，预计可使用10年。摊销额的计算及会计分录如下。

果树的净残值率为5%，则：

该苹果树预计净残值＝120 000×5%＝6 000（元）

该苹果树每年摊销额＝（120 000−6 000）÷10＝11 400（元）

借：经营支出——苹果　　11 400

　　贷：林木资产——经济林木（苹果树）　　11 400

（4）经济林木减少的业务核算　经济林木的减少主要包括经济林木的采伐出售、对外投资、死亡毁损。

**【例7-58】**中兴果园因洪水冲毁苹果树50株，其账面价值为7 000元，经保险公司确认赔偿7 500元。会计分录如下。

借：应收款　　7 500

　　贷：林木资产——经济林木（苹果树）　　7 000

　　　　其他收入　　500

**【例7-59】**中兴果园由于修建高速公路，采伐果树林，该树林出售给乡木材厂，价款6 000元，已存入银行，其实际成本4 600元。会计分录如下。

借：银行存款　　6 000

　　贷：经营收入——林业收入　　6 000

借：经营支出——林业支出　　4 600

　　贷：林业资产——经济林木　　4 600

3. 非经济林木资产的核算

**【例7-60】**中兴林场为绿化单位，进行绿化用杨树种植，本年度发生的郁闭前培植费用如下：投入肥料800元、灭虫农药900元、应付机械灌水费用3 000元、应付固定员工的人工费用6 000元。

借：林木资产——非经济林木（杨树）　　10 700

　　贷：库存物资——肥料　　800

　　　　　　　　——农药　　900

　　　　内部往来　　3 000

　　　　应付工资　　6 000

非经济林木的其他核算内容，如采伐出售、对外投资、死亡毁损等与经济林木的核算基本相同，这里不再重复举例。

## 六、养殖型村集体经济组织会计业务处理

养殖型村集体经济组织一般开设有村属养殖场，是以养殖畜、禽为主的村集体经济组织，其主要业务为幼畜（禽）、育肥畜（禽）、产役畜（禽）的核算。

以下以全明村集体经济组织养殖场为例进行介绍。全明村养殖场主要养殖牲畜和家禽。

### 1. 牲畜（禽）资产概述

村集体经济组织的牲畜（禽）资产可按其用途分为役畜、产畜（禽）以及幼畜（禽）和育肥畜（禽），其中役畜和产畜（禽）统称为产役畜。

产畜是指供繁殖、剪毛、产奶及产蛋用的牲畜和家禽；役畜是指供劳役用的牲畜。产役畜和役畜在性质上属于劳动资料，因此属于生产性农业资产。

幼畜（禽）及育肥畜（禽）是指未成龄的猪、羊、鸡等小畜（禽）。它们可以直接提供产品，也可以转作产役畜。幼畜（禽）及育肥畜（禽）为消耗性生物资产。

村集体经济组织应设置“牲畜（禽）资产”账户，并设置“幼畜及育肥畜”和“产役畜”两个二级账户进行明细核算。

### 2. 幼畜及育肥畜资产的核算

幼畜及育肥畜在资产性质上类似于存货资产。幼畜及育肥畜的核算主要包括增加、自繁、减少、与产役畜转换等。

**【例7-61】**全明村养殖场发生了下列经济业务：

（1）购入了200只健仔猪，每头200元，购买价格为40 000元，以银行存款支付，另发生运费400元，以现金支付。应编制的会计分录如下。

借：牲畜（禽）资产——幼畜及育肥畜　　40 400

　　贷：银行存款　　40 000

　　　　现金　　400

（2）在该批小猪的饲养过程中发生各种饲养支出共计26 000元，其中消耗本村的库存物资24 000元、支付饲养员工资2 000元。应编制的会计分录如下。

借：牲畜（禽）资产——幼畜及育肥畜　　26 000
　　贷：库存物资——饲料　　24 000
　　　　现金　　2 000

（3）有两头小猪在饲养过程中因病死亡，此时该批小猪的实际总成本为66 400元（40 400+26 000），每头小猪的单位成本为332元。经过对小猪的生病原因进行分析后，发现是饲养员使用了不符合规定的饲料造成的，为此由饲养员赔偿损失金额的50%。应编制的会计分录如下。

借：内部往来——饲养员　　332
　　其他支出　　332
　　贷：牲畜（禽）资产——幼畜及育肥畜　　664

（4）将剩余的198头小猪又饲养了一段时间，累计发生了各项饲养费用共计20 000元，其中耗用库存物资18 000元、支付饲养员工资2 000元。

发生饲养费用时，

借：牲畜（禽）资产——幼畜及育肥畜　　20 000
　　贷：库存物资——饲料　　18 000
　　　　现金　　2 000

（5）发生育肥舍折旧费用1 000元

借：牲畜（禽）资产——幼畜及育肥畜　　1 000
　　贷：累计折旧　　1 000

（6）将198头育肥猪出售，售价为每千克12元，该批猪平均的重量为47.5千克，款项为112 860元，已通过银行收取款项。

该批猪的实际总成本＝40 400+26 000−664+20 000+1 000＝86 736（元）

该批猪每千克的单位成本＝86 736÷198÷95＝4.61（元）

根据上述计算，应编制的会计分录如下。

借：银行存款　　112 860
　　贷：经营收入　　112 860

借：经营支出　　86 736
　　贷：牲畜（禽）资产——幼畜及育肥畜　　86 736

3. 产役畜资产的核算

产役畜在资产性质上类似于固定资产。该项资产的核算包括三个内容：取得时的计价、折耗的计提及转出时的成本结转。

【例7-62】全明村养殖场购入耕牛一批，共支付买价60 000元。预计其使用寿命为5年，净残值率为成本的5%。计算每年应计提的折耗金额并进行相应的账务处理。

（1）购入耕牛时

借：牲畜（禽）资产——产役畜　　60 000

　　贷：银行存款　　60 000

（2）每年计提折耗时

该批耕牛的预计净残值＝60 000×5%＝3 000（元）

每年的折耗金额＝（60 000−3000）÷5＝11 400（元）

借：经营支出　　11 400

　　贷：牲畜（禽）资产——产役畜　　11 400

【例7-63】承上例，该批耕牛每年发生的饲养费用为10 000元，其中包括库存物资8 000元、饲养员工资2 000元。3年后，该单位决定购买农机代替耕牛，故将所拥有的耕牛全部售出，售价为50 000元，款项存入银行，同时结转耕牛的成本。

（1）发生饲养费用时

借：经营支出　　10 000

　　贷：库存物资　　8 000

　　　　应付工资　　2 000

（2）售出耕牛，取得收入时

借：银行存款　　50 000

　　贷：经营收入　　50 000

（3）结转成本

耕牛在售出时的账面价值＝60 000−11 400×3＝25 800（元）

借：经营支出　　25 800

　　贷：牲畜（禽）资产——产役畜　　25 800

## 实训案例

### 实训一

1. 某村收到乡财政所拨来所属第二村民小组农田水利基本建设补助资金20 000元。支出中，购买水利设备开支5 000元。

2. 国家建设征用土地0.67公顷，应当支付给被征地农民个人的部分已由征地单位直接发放。村集体经济组织收到按分配方案提留的部分10万元存入银行。

3. 村集体经济组织收到征地补偿款100万元。其中，80万元发给被征地农民（其中10万元用于社会保障缴费）、20万元留给村集体经济组织。

4. 某村集体经济组织盘盈水泵一台，经查同类型资产原价为6 000元，估计已提折旧1 000元。

5. 某村集体经济组织因发生水灾损失库存水泥8吨，价值3 200元。

6. 2014年7月10日，红砂村借给农户王强700元。

7. 2014年7月12日，红砂村结算出村砖瓦厂欠交承包租金10 000元。

8. 红砂村借给村干部张清差旅费1 000元，张清出差归来报销差旅费900元，余款退回。

9. 红砂村应收A村租赁本村设备款3 000元。

10. 红砂村收到上述款项，当日送存银行。

11. 某县的扶贫开发性项目——安全饮水工程，总投资760万元（全额补助），受益村3个，由政府采购单位统一施工，报账制管理。第一个村有村民1 856人，铺设管道5 682米；第二个村有村民2 658人，铺设管道7 967米；第三个村有村民2 435人，铺设管道6 846米。

按铺设管道长度比例计算，资本分配比例为28 ∶ 39 ∶ 33。三个村分别按分配的数额，借记“其他支出”，贷记“补助收入”；项目竣工并验收合格后，把经项目施工单位签字盖章的资产移交表交给三个村，各自进行固定资产记账。

12. 7月1日以银行存款购入华光公司同日发行债券一批，面值40 000元，年利率12%，另支付手续费260元，每年末付息一次。

13. 村组织于9月28日以银行存款购入中山公司于7月1日发行的债券一批，面值20 000元，购入价23 000元，年利率10％，另支付经纪人佣金400元，中山公司每年7月1日付息一次。

14. 2月3日以银行存款购买东风公司发行的于2月1日宣布、3月1日发放现金股利的股票，实际支付价款52 000元，其中2 000元为已经宣告但尚未发放的现金股利。

15. 经结算，村粮油加工厂应交未交利润50 000元。

16. 村组织直接经营的小麦收获10吨入库，单位成本1 200元/吨。

17. 村组织接受捐赠钢材一批，发票金额100 000元。

18. 村组织年终盘点，盘盈小麦200千克，价值240元。

## 实训二

1. 中兴果园生产苹果60 000千克，本年度应摊销的果树成本为30 000元。本年度发生的管护费用及有关业务如下：

（1）投入肥料1 600元，灭虫农药1 800元，应付机械灌水费用6 000元，应付固定员工的人工费用12 000元。

（2）领用采摘用箩筐600元。

（3）对本年苹果树进行摊销。

（4）计算本年苹果成本。

2. 农户小李向村委会交来苹果园承包金500元现金。

3. 为维修村属拖拉机支出200元，现金支付。

4. 村属拖拉机为村民耕地200亩，每亩收费10元。

5. 10月26日对现金盘点发现溢余300元，经查少交水费200元、少支付村民李某50元。

6. 收到国家拨付的村小学建设款60 000元，存入银行。

7. 因猪场防疫，村组织向乡防疫站支付药费及医疗费2 300元，其中幼猪及育肥猪耗用2 000元、种猪耗用300元，银行存款支付。

8. 某村组织用5头奶牛向某奶牛场投资，协议作价48 000元，其账面摊余价值40 000元。

9. 某村组织用50头育肥猪向某肉联厂投资，协议作价30 000元，其账面价值32 000元。

微信扫码
解密答案

10. 因看管人王军管理不善，1头奶牛因过铁路被火车撞成伤残，屠宰后变现收入300元，经研究决定由王军赔偿500元。该奶牛的账面价值2 000元。

11. 一栋猪舍遭雷击起火，烧死幼猪及育肥猪21头，账面价值3 000元，经保险公司确认，应赔偿2 600元。

# 参考文献

[1] 中华人民共和国财政部，中华人民共和国农业部，国家林业局. 农业企业会计核算办法及讲解. 北京：对外经济贸易大学出版社，2004.

[2] 刘瑛. 农业企业会计. 北京：中国财政经济出版社，2012.

[3] 杨桂洁. 农业会计实务. 北京：高等教育出版社，2004.

[4] 王淑珍. 农业会计学. 5版. 北京：中国农业出版社，2010.

[5] 李平，刘治钦. 最新农业企业会计操作规范和实例. 北京：经济科学出版社，2005.

[6] 中华人民共和国财政部. 农民专业合作社财务会计制度（试行）. 财会〔2007〕15号，2007.

[7] 韦群生，林健栋. 农民专业合作社会计. 上海：立信会计出版社，2011.

[8] 罗青平. 当代农村集体经济组织财务会计实务教程. 北京：中国农业科学技术出版社，2012.

[9] 中华会计函授学校. 村集体经济组织会计实务操作案例. 北京：经济科学出版社，2010.

[10] 白兆秀. 农民专业合作社会计实务. 北京：中国农业大学出版社，2013.

[11] 叶超飞，彭东生. 林业财务会计. 北京：中国林业出版社，2011.

[12] 刘东华，刘秋月. 农牧企业成本会计实务. 北京：清华大学出版社、北京交通大学出版社，2018.

[13] 董雪艳，袁建华. 农业企业会计学. 北京：高等教育出版社，2016.

[14] 傅胜. 行业会计比较. 大连：东北财经大学出版社，2019.

[15] 宋庄云，系统昕. 村集体经济组织会计基础与实务. 徐州：中国矿业大学出版社，2016.

[16] 彭小琳，王亚斌. 村集体经济组织会计. 北京：中国财政经济出版社，2014.

[17] 辛子军，董云鹏. 农民专业合作社运营实务. 北京：中国农业出版社，2017.